Habilidades y herramientas para la mejora profesional. CTRO0002

Armonía Naranjo Pera

ic editorial

Habilidades y herramientas para la mejora profesional. CTRO0002
© Armonía Naranjo Pera

1ª Edición

© IC Editorial, 2025

Editado por: IC Editorial
c/ Cueva de Viera, 2, Local 3
Centro Negocios CADI
29200 Antequera (Málaga)
Teléfono: 952 70 60 04
Fax: 952 84 55 03
Correo electrónico: iceditorial@iceditorial.com
Internet: www.iceditorial.com

ISBN: 978-84-1184-678-3
Depósito Legal: MA 486-2025

Impresión: PODiPrint
Impreso en Andalucía – España

Nota de la editorial: IC Editorial pertenece a Innovación y Cualificación S. L.

Especialidad formativa

Se entiende por especialidad formativa la agrupación de contenidos, competencias profesionales y especificaciones técnicas que responde a un conjunto de actividades de trabajo enmarcadas en una fase del proceso de producción y con funciones afines.

Las especialidades formativas de Uso General, Formación Complementaria, Formación Modular y las especialidades formativas dirigidas a la obtención de certificados de profesionalidad se incluyen en el Fichero de Especialidades del Servicio Público de Empleo Estatal para su gestión en todo el territorio nacional por cualquier Administración competente.

Las especialidades complementarias, pertenecen todas a la Familia profesional de Formación Complementaria (FCO) y tienen la consideración de formación transversal en áreas que se consideran prioritarias tanto en el marco de la Estrategia Europea para el Empleo y del Sistema Nacional de Empleo como en las directrices establecidas por la Unión Europea. Se consideran áreas prioritarias las relativas a tecnologías de la información y la comunicación, la prevención de riesgos laborales, la sensibilización en medio ambiente, la promoción de la igualdad, la orientación profesional y aquellas otras que se establezcan por la Administración competente.

Las especialidades de Certificado de profesionalidad tienen una duración especificada en su normativa reguladora.

En el resultado de la búsqueda, se muestran las unidades de competencia, todos los módulos formativos con su duración y las unidades formativas del certificado correspondiente, con su duración. Las horas del certificado, exclusivo de las especialidades de certificado de profesionalidad, con alta igual o superior a 2008, son las horas totales más las horas del módulo de Prácticas Profesionales no Laborales.

⮞ **Si la especialidad tiene unidades formativas,** las horas totales, presencial, distancia, teleformación serán igual a la suma de esas horas de las unidades formativas de los distintos módulos, sin que se repita ninguna Unidad formativa.

⮑ **Si la especialidad no tiene unidades formativas,** las horas totales, presencial, distancia, teleformación serán igual a las sumas de esas horas de los módulos formativos, eliminando las horas de los módulos repetidos.

https://sede.sepe.gob.es/especialidadesformativas/RXBuscadorEFRED/BusquedaEspecialidades.do

(Fuente: Servicio Público de Empleo Estatal)

Índice

OBJETIVOS GENERALES

Los objetivos generales del **CTRO0002. Habilidades y herramientas para la mejora profesional,** son los siguientes:

- ⮞ Analizar las oportunidades laborales del entorno próximo, así como identificar las técnicas y herramientas necesarias para afrontar el proceso de búsqueda de empleo y mejora profesional con éxito.
- ⮞ Identificar las características del entorno laboral próximo, así como los perfiles profesionales más demandados.
- ⮞ Identificar las competencias personales clave para la búsqueda de empleo y la mejora profesional.
- ⮞ Identificar los recursos y herramientas más efectivas para la búsqueda de empleo, así como ser capaz de afrontar una entrevista de trabajo con éxito.

Análisis del entorno laboral

Contenido

Objetivos

El objetivo general de esta Unidad de Aprendizaje es:

→ Identificar las características del entorno laboral próximo, así como los perfiles profesionales más demandados.

Los objetivos específicos de esta Unidad de Aprendizaje son:

→ Identificar oportunidades laborales en el entorno más próximo.

→ Conocer la situación del mercado laboral actual.

→ Reconocer los yacimientos de empleo y las competencias requeridas.

→ Aprender la estructura de un perfil profesional.

1. Introducción

La búsqueda de empleo en el actual mercado laboral supone un reto, pero la realidad es que se trata de un mercado lleno de oportunidades para quienes estén dispuestos a investigar y adaptarse a las nuevas tendencias. A medida que la economía evoluciona, surgen constantemente nuevos yacimientos de empleo y ocupaciones de difícil cobertura, abriendo puertas a nuevas oportunidades laborales.

El mercado laboral español es dinámico y está en constante evolución. Quien esté dispuesto a investigar, aprender y adaptarse a las nuevas tendencias puede encontrar todo un campo de nuevas oportunidades. Para ello se deben conocer cuáles son las ocupaciones más demandadas, los empleos de difícil cobertura, los perfiles profesionales y sus funciones.

El proceso de búsqueda de empleo supone un empleo en sí mismo: no puede desarrollarse sin una planificación y sin prepararse para las diferentes etapas que supone llegar a la contratación. Es un proceso que requiere un análisis del entorno laboral para comprender el punto de partida en el proceso y establecer objetivos profesionales realistas y coherentes. Alberto es un diseñador web que se encuentra buscando esa oportunidad que le permita alcanzar un bienestar y desarrollarse profesionalmente. En esta unidad acompañarás a Alberto en su investigación sobre su entorno laboral, identificando los yacimientos de empleo y las competencias necesarias para ser un candidato competitivo.

2. Identificación del entorno laboral próximo

☞ HILO CONDUCTOR

Alberto es un trabajador cualificado que no encuentra su lugar en el mercado laboral. Busca reconocimiento profesional y estabilidad económica en un contexto que no le está ofreciendo las oportunidades que se merece. Sin embargo, está dispuesto a desarrollarse profesionalmente, y para ello pretende investigar el mercado laboral y encontrar la estrategia que le lleve a un puesto de trabajo ajustado a sus expectativas.

Acompaña a Alberto en su búsqueda de empleo, ayudándole a investigar el mercado laboral e identificando las oportunidades de su entorno.

La búsqueda de empleo supone un reto para todas las personas; hasta las más cualificadas y las que tienen gran experiencia se encuentran con un mercado laboral dinámico y exigente, que constantemente requiere nuevas competencias y habilidades. El mercado laboral de las últimas dos décadas se caracteriza por importantes transformaciones y cambios sociales, impulsados por fenómenos como la digitalización, la transición medioambiental, la crisis demográfica y las políticas europeas.

2.1. Evolución del mercado laboral

El mercado laboral español se caracteriza por la importancia del sector servicios y el incremento de la demanda en los nuevos yacimientos de empleo y ocupaciones tecnológicas. Esta tendencia indica una evolución de la economía española hacia un modelo más orientado a los servicios y la digitalización. Puedes tener una visión del panorama del mercado laboral español a través del análisis en la ocupación y el desempleo en el año 2023 (SEPE. Observatorio de las ocupaciones. *Informe del Mercado de Trabajo Estatal 2024- Datos 2023):*

- **Afiliación.** La afiliación a la Seguridad Social a finales de 2023 superó los 20,7 millones de personas afiliadas.
- **Ocupación.** Desde 2020, el empleo está creciendo año tras año. Según la Encuesta de Población Activa (EPA), el año 2023 finalizó con un aumento de 783.000 personas ocupadas.
- **Contratación.** Se consolidó la contratación indefinida con 6.620.983 nuevos contratos estables. La tasa de estabilidad se situó en el 42,87 %.
- **Desempleo:**

  - El paro registrado descendió durante 2023, reduciéndose en 193.000 personas.
  - El perfil de la persona desempleada es el de mujer de 45 años o más, con estudios de educación secundaria y cuyo último empleo fue en el sector servicios.

- **Sectores económicos:**

  - Por sectores económicos, se registró un incremento en la afiliación en todos los sectores, excepto en el sector primario.
  - Los mayores aumentos se dieron en los sectores de servicios y construcción.

2.2. Profesiones más demandadas y competencias requeridas

Los **nuevos yacimientos de empleo** son actividades laborales innovadoras que surgen como respuesta a los cambios sociales, económicos y tecnológicos que experimenta nuestra sociedad en constante evolución. Estas actividades emergentes generan nuevas demandas y necesidades que deben ser satisfechas, creando así un amplio potencial para la creación de puestos de trabajo en sectores poco explorados o no cubiertos por el mercado laboral tradicional.

SABÍAS QUE...

Según un informe de la Organización Internacional del Trabajo (OIT), los nuevos yacimientos de empleo podrían generar hasta 20 millones de nuevos empleos en la Unión Europea para 2030 (OIT, 2021). Esto representa una oportunidad significativa para abordar los desafíos del desempleo y la transformación del mercado laboral.

Los yacimientos de empleo comprenden una amplia gama de sectores, desde servicios personales y de proximidad hasta actividades relacionadas con el medioambiente, la cultura, el ocio y el deporte, pasando por nuevas tecnologías y servicios a empresas. Estos sectores emergentes ofrecen oportunidades de empleo para profesionales con diversas habilidades y experiencias, fomentando así la inclusión laboral y la diversidad en el mercado de trabajo.

DEFINICIÓN

Yacimientos de empleo
La Unión Europea ofrece la siguiente definición de yacimientos de empleo: "Son todas aquellas actividades laborales que surgen como consecuencia de los cambios sociales y tecnológicos que generan nuevas demandas de trabajo que necesitan ser cubiertas".

Aunque los nuevos yacimientos de empleo no representan una solución definitiva al desempleo, ofrecen opciones de trabajo en los sectores que se encuentran en crecimiento y que están transversalizados con las necesidades sociales actuales. La Comisión Europea ha identificado 19 ámbitos de estos nuevos yacimientos de empleo. A continuación, podrás conocer estos ámbitos, agrupados en cuatro categorías, las ocupaciones a las que se refieren y las competencias necesarias para trabajar en ellas:

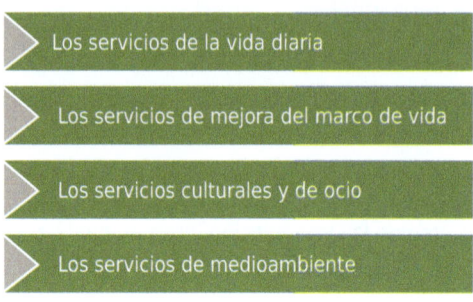

- Los servicios de la vida diaria
- Los servicios de mejora del marco de vida
- Los servicios culturales y de ocio
- Los servicios de medioambiente

Los servicios de la vida diaria

Este ámbito comprende una amplia gama de servicios que facilitan y mejoran la calidad de vida cotidiana de las personas, satisfaciendo necesidades básicas y adaptándose a los cambios demográficos y sociales:

➲ **Servicios a domicilio.** Asistencia a personas mayores o dependientes en sus hogares (cuidado personal, tareas domésticas, compañía, etc.). Entrega de comidas preparadas a domicilio. Reparaciones y pequeños arreglos en el hogar. Servicios de limpieza y mantenimiento del hogar.

  ◡ **Competencias:** capacidad para realizar tareas domésticas y de limpieza de manera eficiente. Conocimientos sobre la seguridad y el bienestar de los clientes en el hogar. Habilidades de comunicación para interactuar con los clientes y sus familias. Habilidades de cuidado personal y asistencia a personas mayores o dependientes.

➲ **Cuidado de niños.** Guarderías y centros de cuidado infantil. Cuidadores/as a domicilio. Actividades extraescolares y de ocio para niños.

  ◡ **Competencias:** capacidad para planificar y llevar a cabo actividades educativas y de ocio para los niños. Conocimientos sobre el desarrollo infantil y las necesidades específicas de los niños. Habilidades de comunicación y paciencia para interactuar con los niños y sus familias.

Habilidades de cuidado y atención a los niños, incluyendo la seguridad y el bienestar.

➲ **Nuevas tecnologías de la información y la comunicación.** Comercio electrónico y gestión de plataformas en línea. Desarrollo de *software* y aplicaciones para facilitar la vida diaria. Instalación y mantenimiento de redes y equipos informáticos. Servicios de asistencia técnica y soporte informático.

◔ **Competencias:** capacidad para instalar y mantener redes y equipos informáticos. Conocimientos sobre comercio electrónico y gestión de plataformas en línea. Conocimientos técnicos en el desarrollo de *software* y aplicaciones. Habilidades de resolución de problemas y solución de errores en sistemas informáticos.

➲ **Ayuda a jóvenes en dificultad de inserción.** Actividades de integración social y educativa. Formación en habilidades para la vida y el empleo. Programas de orientación laboral y desarrollo profesional. Servicios de asesoramiento y apoyo psicológico.

◔ **Competencias:** capacidad para ofrecer apoyo psicológico y asesoramiento a jóvenes en dificultad. Conocimientos sobre programas de integración social y educativa. Habilidades de formación en habilidades para la vida y el empleo. Habilidades de orientación laboral y desarrollo profesional.

La digitalización de la sociedad implica nuevas ocupaciones que den respuesta a las nuevas demandas.

Los servicios de mejora del marco de vida

Estos servicios cumplen la finalidad de crear entornos más seguros, accesibles y atractivos para los habitantes, al tiempo que generan oportunidades de empleo en áreas como la construcción, los servicios de seguridad, el transporte local, el mantenimiento urbano y el comercio minorista de proximidad. Este ámbito comprende los servicios orientados a mejorar el entorno y las condiciones de vida de las personas en sus comunidades locales:

- **Mejora de la vivienda.** Reformas y rehabilitación de viviendas (fontanería, electricidad, carpintería, etc.). Adaptación de viviendas para personas mayores o con alguna discapacidad. Servicios de decoración, diseño de interiores y paisajismo.

  - **Competencias:** conocimientos en fontanería, electricidad, carpintería y otros oficios. Habilidades en reformas y rehabilitación de viviendas. Capacidad para adaptar viviendas a las necesidades de personas mayores o con discapacidad. Competencias en decoración, diseño de interiores y paisajismo.

- **Seguridad.** Servicios de vigilancia y seguridad privada. Instalación y mantenimiento de sistemas de alarma y videovigilancia. Formación en prevención de riesgos y emergencias.

  - **Competencias:** experiencia en servicios de vigilancia y seguridad privada. Conocimientos en instalación y mantenimiento de sistemas de alarma y videovigilancia. Formación en prevención de riesgos y emergencias.

- **Transportes colectivos locales.** Conductores de autobuses y transporte público urbano. Servicios de taxi y transporte adaptado para personas con movilidad reducida. Gestión y mantenimiento de redes de transporte local.

  - **Competencias:** competencia en conducción de autobuses y transporte público urbano. Habilidades en servicios de taxi y transporte adaptado para personas con movilidad reducida. Conocimientos en gestión y mantenimiento de redes de transporte local.

- **Revalorización de espacios públicos urbanos.** Diseño y construcción de parques, plazas y zonas recreativas. Mantenimiento de áreas verdes y mobiliario urbano. Organización de actividades y eventos en espacios públicos.

◐ **Competencias:** capacidad para diseñar y construir parques, plazas y zonas recreativas. Habilidades en el mantenimiento de áreas verdes y mobiliario urbano. Competencias en la organización de actividades y eventos en espacios públicos.

➲ **Comercios de proximidad.** Pequeños comercios de barrio (tiendas de alimentación, farmacias, etc.). Servicios de reparación y mantenimiento de electrodomésticos y vehículos. Gestión y promoción de mercados locales y ferias.

◐ **Competencias:** conocimientos en la gestión de pequeños comercios de barrio, como tiendas de alimentación y farmacias. Habilidades en la reparación y mantenimiento de electrodomésticos y vehículos. Competencias en la gestión y promoción de mercados locales y ferias.

El transporte sostenible supone un yacimiento de empleo con amplias proyecciones de futuro.

Los servicios culturales y de ocio

Se trata de servicios para enriquecer la vida de las personas, para ofrecer opciones de entretenimiento y bienestar. Contribuyen al desarrollo económico y social, atrayendo visitantes y generando ingresos, al tiempo que promueven el disfrute del tiempo libre. Este ámbito comprende actividades y servicios relacionados con la cultura, el entretenimiento y el tiempo libre que generan nuevas oportunidades de empleo en **diversos sectores:**

➲ **Turismo.** Guías turísticos y animadores. Gestión de alojamientos y hoteles. Organización de viajes y excursiones. Promoción y *marketing* turístico.

- ◑ **Competencias:** conocimientos sobre destinos turísticos y atracciones culturales. Habilidades de comunicación y atención al cliente para interactuar con turistas. Capacidad para organizar y gestionar viajes y excursiones. Conocimientos en promoción y *marketing* turístico.

- ⮩ **Sector audiovisual.** Producción de cine, televisión y contenido multimedia. Actores, directores y personal técnico audiovisual. Edición y postproducción de material audiovisual. Distribución y exhibición de contenidos.

  - ◑ **Competencias:** conocimientos técnicos en producción de cine, televisión y contenido multimedia. Habilidades en actuación, dirección y producción audiovisual. Experiencia en edición y postproducción de material audiovisual. Conocimientos en distribución y exhibición de contenidos.

- ⮩ **Valorización del patrimonio cultural.** Restauración y conservación de monumentos y sitios históricos. Gestión de museos, galerías de arte y centros de interpretación. Programas de educación y difusión del patrimonio.

  - ◑ **Competencias:** conocimientos en restauración y conservación de monumentos y sitios históricos. Experiencia en gestión de museos, galerías de arte y centros de interpretación. Habilidades en programas de educación y difusión del patrimonio.

- ⮩ **Desarrollo cultural local.** Organización de eventos culturales (festivales, conciertos, exposiciones). Promoción de las artes escénicas y visuales. Formación en disciplinas artísticas y culturales. Gestión de centros culturales y bibliotecas.

  - ◑ **Competencias:** capacidad para organizar eventos culturales como festivales, conciertos y exposiciones. Promoción de las artes escénicas y visuales. Formación en disciplinas artísticas y culturales. Experiencia en gestión de centros culturales y bibliotecas.

- ⮩ **Deporte.** Entrenadores y monitores deportivos. Gestión de instalaciones y eventos deportivos. Producción y venta de equipamiento deportivo. Actividades recreativas al aire libre.

  - ◑ **Competencias:** conocimientos en entrenamiento y monitorización deportiva. Experiencia en gestión de instalaciones y eventos deportivos. Conocimientos en producción y venta de equipamiento deportivo. Habilidades en actividades recreativas al aire libre.

El turismo está desarrollando una creciente preocupación por el medioambiente y por la promoción de un ocio responsable con el entorno.

Los servicios de medioambiente

Estos servicios son imprescindibles para afrontar los desafíos ambientales actuales, como el cambio climático, la escasez de recursos naturales y la contaminación. Contribuyen al desarrollo sostenible y a la preservación del medioambiente para las generaciones futuras, promoviendo prácticas respetuosas con el entorno y fomentando una economía baja en carbono. Este ámbito comprende actividades y servicios enfocados en la protección, conservación y gestión sostenible del medioambiente:

- **Gestión de residuos.** Recogida, transporte y tratamiento de residuos sólidos. Reciclaje y valorización de materiales. Diseño e implementación de sistemas de gestión de residuos.

  - **Competencias:** conocimiento de las normativas y regulaciones relacionadas con la gestión de residuos. Capacidad para diseñar e implementar sistemas de gestión de residuos eficientes y sostenibles. Experiencia en la recogida, transporte y tratamiento de residuos sólidos. Conocimientos sobre reciclaje y valorización de materiales.

- **Gestión del agua.** Operación y mantenimiento de plantas de tratamiento de agua. Monitoreo y control de la calidad del agua. Instalación y mantenimiento de sistemas de riego y drenaje.

  - **Competencias:** experiencia en la operación y mantenimiento de plantas de tratamiento de agua. Capacidad para realizar el monitoreo y control de la calidad del agua. Conocimientos en la instalación y mantenimiento de sistemas de riego y drenaje.

- **Protección y mantenimiento de zonas naturales.** Guardas forestales y guardaparques. Reforestación y conservación de hábitats naturales. Educación ambiental y ecoturismo.

  - **Competencias:** conocimientos sobre la conservación de hábitats naturales y la reforestación. Experiencia en la protección y mantenimiento de zonas naturales como guardas forestales y guardaparques. Habilidades en educación ambiental y ecoturismo para promover la conciencia y el cuidado del medioambiente.

- **Normativa, control de la contaminación e instalaciones correspondientes.** Inspectores y auditores ambientales. Gestión de emisiones y control de la contaminación atmosférica. Operación y mantenimiento de plantas de tratamiento de aguas residuales.

  - **Competencias:** conocimientos sobre las normativas y regulaciones ambientales. Experiencia en la gestión de emisiones y control de la contaminación atmosférica. Capacidad para operar y mantener plantas de tratamiento de aguas residuales.

- **Control de la energía.** Instalación y mantenimiento de sistemas de energía renovable. Auditorías y consultoría en eficiencia energética. Diseño y construcción de edificios sostenibles y de bajo consumo energético.

  - **Competencias:** experiencia en la instalación y mantenimiento de sistemas de energía renovable. Habilidades en auditorías y consultoría en eficiencia energética. Conocimientos en el diseño y construcción de edificios sostenibles y de bajo consumo energético.

El cuidado del medioambiente generará muchos empleos en la próxima década.

APLICACIÓN PRÁCTICA

En esta unidad has conocido los ámbitos de los yacimientos de empleo, las ocupaciones y las competencias necesarias. Aplica estos conocimientos en la actividad relacionando cada concepto:

A	Nuevas tecnologías de la información y la comunicación	1	Conocimientos en fontanería, electricidad, carpintería y otros oficios
B	Mejora de la vivienda	2	Capacidad para organizar y gestionar viajes y excursiones
C	Turismo	3	Reciclaje y valorización de materiales
D	Gestión de residuos	4	Comercio electrónico y gestión de plataformas en línea

Solución

La relación correcta de conceptos es la siguiente:

A	Nuevas tecnologías de la información y la comunicación	4	Comercio electrónico y gestión de plataformas en línea
B	Mejora de la vivienda	1	Reciclaje y valorización de materiales
C	Turismo	2	Capacidad para organizar y gestionar viajes y excursiones
D	Gestión de residuos	3	Conocimientos en fontanería, electricidad, carpintería y otros oficios

Los nuevos yacimientos de empleo son actividades laborales innovadoras, que surgen como respuesta a los cambios sociales, económicos y tecnológicos que experimenta nuestra sociedad en constante evolución.

ACTIVIDAD COMPLEMENTARIA

1. Reflexiona sobre el impacto de las tecnologías y la digitalización en el mercado laboral. Para ello, busca una noticia que trate sobre el tema.

   A modo de ejemplo, puedes leer el artículo de Cinco Días (08/05/2023): España afronta la digitalización laboral con mucho camino que hacer en formación tecnológica. Para ello accede desde aquí:

https://redirectoronline.com/ctro00020101

Tras localizar el artículo o noticia relacionado, reflexiona sobre las siguientes cuestiones:

   · ¿Qué efectos positivos implica la digitalización del trabajo?
   · ¿Qué efectos negativos?
   · ¿Qué sectores se verán impulsados por la digitalización y la transformación digital?
   · ¿Está la sociedad preparada para las futuras demandas?

2.3. Perfiles profesionales y funciones

Los reclutadores y el personal de recursos humanos necesitan referencias sobre las capacidades de los candidatos a las ofertas de empleo, y para ello se basan en el perfil profesional. El perfil profesional recoge las características, competencias y habilidades requeridas en un trabajo, profesión u ocupación, así como las funciones que desarrollar. A través del perfil profesional es posible delimitar las funciones y responsabilidades específicas de cada puesto de trabajo, así como los conocimientos, habilidades y actitudes necesarias.

Los empleadores utilizan el perfil profesional para evaluar a los candidatos, ya que el perfil incluye información relevante sobre la formación académica, la trayectoria profesional, la experiencia laboral y las *soft skills.* Las funciones de un puesto de trabajo comprenden las acciones que se deben desarrollar en una ocupación. Representan lo que la empresa espera que haga el trabajador en la organización.

El perfil profesional debe ser lo más detallado posible. De forma general, debe incluir información sobre los siguientes **aspectos:**

- **Identificación del puesto:** nombre del puesto.
- **Departamento:** área a la que pertenece el puesto.
- **Funciones:** actividades, tareas y responsabilidades del puesto.
- **Formación académica:** formación requerida para el puesto y nivel.
- **Experiencia laboral:** tipo de experiencia requerida y tiempo.
- **Competencias técnicas:** conocimientos y destrezas necesarias para el puesto.
- **Soft skills:** habilidades interpersonales necesarias o deseables para el puesto.
- **Otros datos:** disponibilidad geográfica, carnet de conducir, idiomas, etc.

 TAREA 1

Eres monitor de tiempo libre y trabajas habitualmente con adolescentes. Te formaste como Técnico Superior en Animación Sociocultural y Turística, pero en los últimos años solo encuentras empleo como monitor en temporada de verano, y te supone un gran esfuerzo encontrar proyectos durante todo el año. Por este motivo, te propones dar un cambio en tu trayectoria profesional y dedicarte a una ocupación que suponga mayores oportunidades, que te ofrezca más estabilidad laboral, pero en la que sigas trabajando con jóvenes y adolescentes, pues es a lo que te gusta dedicarte y ya posees experiencia.

- ¿Qué ocupación podrías plantearte, que suponga una mejor proyección laboral?
- ¿Qué competencias deberías desarrollar?
- ¿Qué deberías estudiar?

3. Resumen

El mercado laboral actual es muy dinámico y competitivo. Se caracteriza por el progreso de las nuevas tecnologías, la digitalización, la transición medioambiental, los retos demográficos, situaciones que generan nuevas necesidades sociales.

Los yacimientos de empleo son los sectores emergentes que van a cubrir todas estas demandas y necesidades sociales, por lo que suponen oportunidades de empleo para profesionales con diversas habilidades y experiencias. Desde la Comisión Europea se identifican 19 ámbitos de estos nuevos yacimientos de empleo, clasificados en cuatro grupos:

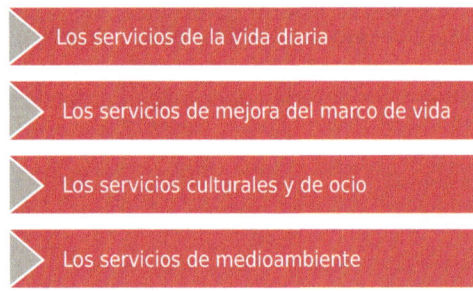

Conocer los sectores que implican una mayor demanda y las competencias necesarias para desarrollar las ocupaciones relacionadas suponen la oportunidad de ocupar un trabajo en un mercado laboral altamente exigente. Para realizar un proceso de búsqueda de empleo, es necesario definir claramente el perfil profesional, pues los empleadores recurren a esta caracterización para seleccionar a los trabajadores más adecuados a las demandas de las empresas.

El perfil profesional incorpora información sobre los siguientes aspectos:

Ejercicios de autoevaluación
Unidad de Aprendizaje 1

1. Indica si la siguiente oración es verdadera o falsa: "El mercado laboral español se caracteriza por la importancia del sector servicios y el incremento de la demanda en los nuevos yacimientos de empleo y ocupaciones tecnológicas".

   - Verdadero
   - Falso

2. Indica si la siguiente oración es verdadera o falsa: "En el mercado laboral español se está consolidando la contratación indefinida".

   - Verdadero
   - Falso

3. Completa:

   Los nuevos _____ de empleo son todas aquellas actividades _____ que surgen como consecuencia de los cambios sociales y _____ que generan nuevas _____ de trabajo que necesitan ser cubiertas.

4. En los nuevos yacimientos de empleo, cuando se habla de "los servicios de la vida diaria", ¿a qué se refiere?

   a. Servicios relacionados con la moda
   b. Servicios que mejoran la calidad de vida cotidiana
   c. La educación en el nivel de primaria
   d. Los servicios de orientación laboral

5. En los yacimientos de empleo, ¿a qué área pertenece "la mejora de la vivienda"?

   a. A los servicios de la vida diaria
   b. A los servicios de mejora del marco de vida
   c. A los servicios culturales y de ocio
   d. A los servicios de medioambiente

6. ¿Qué competencias son necesarias para dedicarse al sector audio-visual?

   a. Conocimientos en producción y venta de equipamiento deportivo
   b. Experiencia en gestión de centros culturales y bibliotecas
   c. Habilidades en programas de educación y difusión del patrimonio
   d. Conocimientos en distribución y exhibición de contenidos

7. ¿Por qué son necesarios los servicios de medioambiente?

   a. Crean entornos más seguros, accesibles y atractivos para los habitantes, al tiempo que generan oportunidades de empleo en áreas como la construcción.
   b. Contribuyen al desarrollo económico y social, atrayendo visitantes y generando ingresos.
   c. Contribuyen al desarrollo sostenible.
   d. Mejoran la calidad de vida cotidiana de las personas, satisfaciendo necesidades básicas y adaptándose a los cambios demográficos.

8. Los empleadores y reclutadores, ¿para qué utilizan el perfil profesional?

   a. Para detectar las brechas salariales.
   b. Para promocionar la igualdad de oportunidades.
   c. Para impulsar la responsabilidad social corporativa.
   d. Para evaluar a los candidatos a las ofertas de empleo.

9. En el perfil profesional, ¿a qué se refieren las funciones?

   a. A la formación académica necesaria para realizar un trabajo.
   b. A las competencias que el candidato debe adquirir a través de la formación.
   c. A las acciones que se deben desarrollar en una ocupación.
   d. A la experiencia laboral.

10. ¿Cuál es una de las características del mercado laboral español?

      a. Desde 2020 el empleo está creciendo año tras año.
      b. Desde 2020 la inactividad está creciendo año tras año.
      c. Desde 2020 el desempleo está creciendo año tras año.
      d. Desde 2020 el empleo se ha estancado.

Autoconocimiento

Contenido

1. Introducción
2. Identificación de las competencias personales clave en el entorno laboral
3. Resumen

Objetivos

El objetivo general de esta Unidad de Aprendizaje es:

→ Identificar las competencias personales clave para la búsqueda de empleo y la mejora profesional.

Los objetivos específicos de esta Unidad de Aprendizaje son:

→ Reconocer las competencias personales demandadas por el mercado laboral.

→ Conocer las estrategias para la identificación de las competencias personales y profesionales.

→ Identificar el marco de referencia para las competencias profesionales.

→ Desarrollar estrategias para la definición de los objetivos profesionales.

1. Introducción

Actualmente, el mercado laboral está sometido a cambios constantes, motivados por las nuevas necesidades sociales y el uso de las nuevas tecnologías de la información y la comunicación.

Por este motivo, el ámbito del empleo requiere que los trabajadores adquieran competencias personales que garanticen el óptimo desempeño en el empleo.

Los trabajadores no pueden limitarse a disponer de conocimientos técnicos, sino que deben adquirir y mejorar las llamadas *soft skills,* una combinación de habilidades personales y atributos profesionales que les permitan adaptarse a un entorno laboral cambiante y exigente.

Por este motivo, desde las instituciones se impulsan marcos de referencia y se analizan las demandas del mercado laboral, con el objetivo de que los trabajadores puedan identificar sus competencias y las potenciales áreas de mejora que impulsen la trayectoria profesional.

Alberto es consciente de la competitividad del mercado laboral actual y está dispuesto a desplegar estrategias efectivas que le conduzcan a un empleo. Para ello, debe comenzar por conocer su punto de partida a través del autoconocimiento.

En esta unidad acompañarás a Alberto en su proceso de autoanálisis, en el que conocerá sus propias competencias y habilidades usando las herramientas a su alcance, para definir sus objetivos profesionales de forma planificada e impulsar su trayectoria profesional.

2. Identificación de las competencias personales clave en el entorno laboral

 **HILO CONDUCTOR**

Alberto dispone de los conocimientos técnicos de su profesión. Sin embargo, es consciente de que debe desarrollar sus *soft skills* para responder a las demandas del mercado laboral e impulsar su carrera profesional.

Continúa en página siguiente >>

<< Viene de página anterior

Acompaña a Alberto en el camino del autoconocimiento, momento clave para determinar su punto de partida y mejorar sus habilidades personales y profesionales, con el objetivo de potenciar el proceso de búsqueda de empleo.

El autoconocimiento resulta fundamental en la evaluación de las competencias personales y profesionales, con la finalidad de mejorar el desarrollo profesional o la empleabilidad de una persona. Permite identificar y comprender las fortalezas, debilidades y áreas de crecimiento, imprescindible para tomar decisiones informadas y diseñar estrategias de mejora.

La evaluación de competencias implica analizar las habilidades técnicas, los conocimientos y la experiencia laboral, así como las habilidades interpersonales. El autoconocimiento permite identificar en qué áreas es necesario progresar para conseguir los objetivos profesionales, ayudando a la persona a tomar decisiones coherentes con sus objetivos e intereses.

2.1. Herramientas de identificación de competencias profesionales

El mercado laboral actual es muy dinámico, por lo que demanda que las personas trabajadoras desarrollen competencias más allá de los conocimientos y destrezas profesionales. Se requieren otras competencias para el desarrollo profesional: las *soft skills*.

El desarrollo de una carrera profesional de éxito implica el desarrollo de competencias personales que permitan la gestión de las situaciones que se presentan en la realidad del entorno laboral.

 **DEFINICIÓN**

Competencias
Consisten en rasgos de carácter, autopercepción, actitudes o valores, conocimientos, capacidades cognitivas o de conducta que se asocian al desempeño de un puesto de trabajo.

Así mismo, las competencias se asocian al desempeño, de forma que se introducen las conductas concretas que son necesarias para trabajar en un puesto con el objetivo de realizar evaluaciones de desempeño.

En el ámbito laboral se distingue dos **tipos de competencias:**

⮞ **Competencias personales** *(soft skills).* Las competencias personales o competencias blandas *(soft skills)* se caracterizar por ser transversales, es decir, que pueden ser aplicadas en diversos contextos laborales y distintos puestos de trabajo.
Las *soft skills* combinan la inteligencia emocional, las habilidades sociales y de comunicación, los rasgos de la personalidad, las actitudes y los atributos profesionales, que facultan a los trabajadores para desenvolverse en su entorno profesional, trabajar colaborativamente, realizar un buen desempeño. Junto con las habilidades duras *(hard skills)* permiten a los trabajadores desempeñar efectivamente su trabajo y conseguir sus objetivos profesionales.
Las *soft skills* comprenden las siguientes competencias generales:

- ᴗ Aprender a aprender
- ᴗ Capacidad de análisis
- ᴗ Comportamiento ético y respeto de los valores de la empresa
- ᴗ Gestión de equipos y liderazgo

⮞ **Competencias técnicas** *(hard skills).* Las competencias técnicas, o competencias duras *(hard skills)* son aquellas habilidades específicas que se adquieren a través de la educación, la formación y la experiencia laboral. Se refieren a los conocimientos técnicos y las habilidades prácticas necesarias para el desempeño de una ocupación o una tarea específica.
Las *hard skills* son tangibles y medibles, y son empleadas por los empleadores en la selección de candidatos para un puesto de trabajo. Sin embargo, es imprescindible complementarlas con las *soft skills* para un óptimo desempeño.
Las *hard skills* comprenden las siguientes competencias:

- ᴗ Titulación
- ᴗ Competencia técnica
- ᴗ Conocimiento de los procedimientos
- ᴗ Dominio del funcionamiento de maquinaria y herramienta

2.2. Capacidades y competencias

La **ESCO** *(European Skills, Competences, and Occupations)*, **Clasificación Europea de Capacidades, Competencias, Cualificaciones y Ocupaciones,** tiene la función de determinar y categorizar las capacidades, competencias, cualificaciones y ocupaciones ajustadas a las demandas del mercado laboral, la educación y la formación en el ámbito de la Unión Europea.

 SABÍAS QUE...

La Unión Europea proclamó el año 2023 como "Año Europeo de las Competencias".

La ESCO clasifica las habilidades y competencias en cuatro **categorías:**

K — Conocimientos *(knowledge)*

L — Competencias lingüísticas y conocimiento de lenguas *(language skills and knowledge)*

S — Competencias *(skills)*

T — Competencias transversales *(transversal skills and competences)*

 **IMPORTANTE**

Las *soft skills* quedan categorizadas en las competencias transversales.

[34]

PARA SABER MÁS

Puedes consultar información más completa en el portal web de la ESCO, accediendo desde aquí:

https://redirectoronline.com/ctro00020201

El Observatorio de las Ocupaciones adapta la clasificación de la ESCO al mercado laboral español y propone un listado de **las competencias transversales requeridas para los trabajadores** *(soft skills).*

El Observatorio de las Ocupaciones clasifica las **competencias transversales** *(soft skills)* en las siguientes categorías:

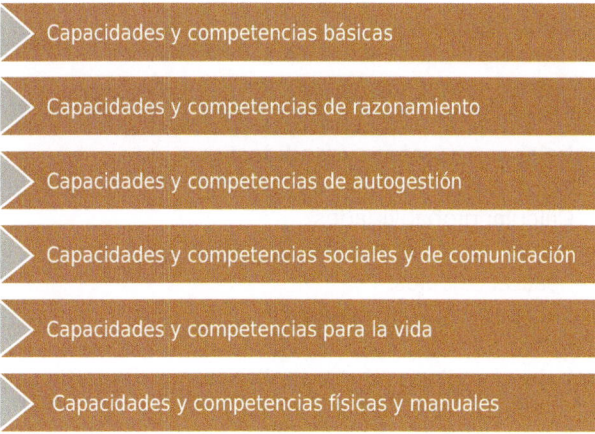

Capacidades y competencias básicas

Capacidades y competencias de razonamiento

Capacidades y competencias de autogestión

Capacidades y competencias sociales y de comunicación

Capacidades y competencias para la vida

Capacidades y competencias físicas y manuales

Capacidades y competencias básicas

Las **capacidades y competencias básicas** son habilidades fundamentales, necesarias para el aprendizaje, el empleo y la participación activa en la sociedad.

 **DEFINICIÓN**

Capacidades y competencia básicas

La ESCO define las capacidades y competencias básicas en los siguientes términos:

Capacidades y competencias que conforman la base para la interacción con los demás y para el desarrollo y el aprendizaje como individuo. Entre ellas se incluyen la capacidad de entender y hablar uno o varios idiomas, así como de leer y escribir en ellos, de trabajar con números y medidas, y de utilizar dispositivos y aplicaciones digitales.

- -

Tomando las definiciones de la ESCO, el Observatorio de las Ocupaciones determina las siguientes **capacidades y competencias básicas:**

⮞ **Dominar idiomas:**

  ⮜ Hablar, escribir y entender idiomas extranjeros.

⮞ **Trabajar con números y medidas:**

  ⮜ Calcular probabilidades.
  ⮜ Interpretar información matemática.
  ⮜ Realizar cálculos.
  ⮜ Tratar información espacial.

⮞ **Trabajar con dispositivos y aplicaciones digitales:**

  ⮜ Aplicar medidas de seguridad digital.
  ⮜ Crear contenido digital.
  ⮜ Gestionar la identidad digital.
  ⮜ Hacer uso de capacidades de programación básicas.
  ⮜ Realizar búsquedas en internet.
  ⮜ Utilizar *hardware* digital.

Las capacidades y competencias básicas son habilidades fundamentales, necesarias para el aprendizaje, el empleo y la participación activa en la sociedad.

Capacidades y competencias de razonamiento

Las **capacidades y competencias de razonamiento** se refieren a la capacidad para analizar, evaluar, sintetizar y utilizar la información de manera lógica y crítica.

 **DEFINICIÓN**

Capacidades y competencias de razonamiento

La ESCO define las capacidades y competencias de razonamiento en los siguientes términos:

Capacidades y competencias relacionadas con la habilidad para aplicar los procesos mentales de recabar, conceptualizar, analizar, sintetizar o evaluar información obtenida o generada a partir de la observación, la experiencia, la reflexión, el razonamiento o la comunicación. Entre ellas se incluye la capacidad de evaluar y utilizar información de diferentes tipos a fin de planificar actividades, lograr objetivos, solucionar problemas, gestionar cuestiones concretas y llevar a cabo tareas complejas de manera rutinaria o innovadora.

Tomando las definiciones de la ESCO, el Observatorio de las Ocupaciones determina las siguientes **capacidades y competencias de razonamiento:**

⊃ Procesar información, ideas y conceptos:

- ◊ Memorizar información.
- ◊ Pensar con rapidez.
- ◊ Pensar de forma analítica.
- ◊ Pensar de manera crítica.
- ◊ Pensar de manera holística.

⊃ Planificar y organizar:

- ◊ Organizar información, objetos y recursos.
- ◊ Planificar.

⊃ Lidiar con problemas:

- ◊ Detectar problemas.
- ◊ Resolver problemas.

⊃ Pensar de manera creativa e innovadora:

- ◊ Improvisar.
- ◊ Pensar de manera creativa.
- ◊ Pensar de manera innovadora.

Las capacidades y competencias de razonamiento se refieren a la capacidad para analizar, evaluar, sintetizar y utilizar la información de manera lógica y crítica.

Capacidades y competencias de autogestión

Las **capacidades y competencias de autogestión** son las habilidades relacionadas con la gestión personal y el autodesarrollo.

 **DEFINICIÓN**

Capacidades y competencias de autogestión

La ESCO define las capacidades y competencias de autogestión en los siguientes términos:

Capacidades y competencias que requieren que los individuos entiendan y controlen sus propias capacidades y limitaciones y utilicen este autoconocimiento para gestionar actividades en una serie de contextos. Entre ellas se incluyen la capacidad de actuar de manera reflexiva y responsable, de aceptar comentarios críticos, de adaptarse a los cambios y de buscar oportunidades para el desarrollo personal y profesional.

Las capacidades y competencias de autogestión son las habilidades relacionadas con la gestión personal y el autodesarrollo.

Tomando las definiciones de la ESCO, el Observatorio de las Ocupaciones determina las siguientes **capacidades y competencias de autogestión:**

Trabajar de manera eficiente:

- Cumplir los compromisos.
- Gestionar el tiempo.
- Gestionar la calidad.
- Mantener la capacidad de concentración durante períodos prolongados.
- Prestar atención al detalle.
- Trabajar de manera independiente.
- Trabajar eficientemente.

Adoptar un enfoque proactivo:

- Asumir la responsabilidad.
- Decidir.
- Gestionar el progreso personal.
- Mostrar compromiso.
- Mostrar determinación.
- Mostrar iniciativa.

Mantener una actitud positiva:

- Abordar los retos de una manera positiva.
- Controlar la frustración.
- Gestionar el estrés.
- Gestionar la incertidumbre.
- Mostrar confianza.

Mostrar voluntad de aprender:

- Aceptar las críticas y la orientación.
- Adaptarse al cambio.
- Demostrar voluntad de aprender.
- Mantener una mentalidad abierta.
- Mostrar curiosidad.
- Practicar la reflexión personal.

Capacidades y competencias sociales y de comunicación

Las **capacidades y competencias sociales y de comunicación** se refieren a la capacidad para interactuar y comunicarse efectivamente con otras personas.

 **DEFINICIÓN**

Capacidades y competencias sociales y de comunicación
l a ESCO define las capacidades y competencias sociales y de comunicación en los siguientes términos:

Capacidades y competencias relacionadas con la habilidad para interactuar con los demás de una manera positiva y productiva. Esto se demuestra mediante la comunicación de ideas de una manera efectiva y empática, coordinando los objetivos y las acciones propios con los de otras personas, actuando de formas estructuradas con arreglo a valores, velando por el bienestar y el progreso de los demás y ofreciendo liderazgo.

Tomando las definiciones de la ESCO, el Observatorio de las Ocupaciones determina las siguientes **capacidades y competencias sociales y de comunicación:**

➲ **Comunicarse:**

- Dirigirse a un público.
- Informar de hechos.
- Moderar debates.
- Negociar un acuerdo.
- Promover ideas, productos o servicios.
- Resolver conflictos.

➲ **Ayudar a otras personas:**

- Asesorar a otras personas.
- Instruir a otras personas.
- Mostrar empatía.
- Ocuparse de la orientación al cliente.

⊃ Colaborar en equipos y redes:

- Ʊ Construir redes.
- Ʊ Demostrar competencias interculturales.
- Ʊ Trabajar en equipo.

⊃ Dirigir a otras personas:

- Ʊ Crear un espíritu de equipo.
- Ʊ Delegar responsabilidades.
- Ʊ Dirigir a otras personas.
- Ʊ Motivar a los demás.

⊃ Respetar el código ético de conducta:

- Ʊ Ajustarse a la reglamentación.
- Ʊ Demostrar fiabilidad.
- Ʊ Demostrar lealtad.
- Ʊ Respetar las obligaciones de confidencialidad.

Las capacidades y competencias sociales y de comunicación se refieren a la capacidad para interactuar y comunicarse efectivamente con otras personas.

Capacidades y competencias para la vida

Las **capacidades y competencias para la vida** son aquellas habilidades necesarias para enfrentarse a los desafíos y situaciones de la vida cotidiana.

 **DEFINICIÓN**

Capacidades y competencias para la vida

La ESCO define las capacidades y competencias para la vida en los siguientes términos:

Capacidades y competencias relacionadas con la habilidad para procesar y utilizar conocimientos e información que tengan una importancia transversal y que favorezcan una ciudadanía activa. Abarcan los ámbitos de la salud, el medio ambiente, la participación ciudadana, la cultura, las finanzas y la aplicación de conocimientos generales.

- -

Tomando las definiciones de la ESCO, el Observatorio de las Ocupaciones determina las siguientes **capacidades y competencias para la vida:**

➲ **Hacer uso de capacidades y competencias relacionadas con la salud:**

- Aplicar normas de higiene.
- Gestionar enfermedades crónicas.
- Mantener la forma física.
- Preservar el bienestar psicológico.
- Proteger la salud de los demás.
- Tener conciencia de los riesgos sanitarios.
- Utilizar el sistema sanitario de una manera informada.

➲ **Hacer uso de capacidades y competencias medioambientales:**

- Adoptar vías para fomentar la biodiversidad y el bienestar animal.
- Adoptar vías para reducir el impacto negativo del consumo.
- Adoptar vías para reducir la contaminación.
- Evaluar el impacto ambiental de la conducta personal.
- Hacer que otras personas adopten conductas positivas para el medioambiente.

➲ **Hacer uso de capacidades y competencias cívicas:**

- Ejercer derechos y responsabilidades.
- Evaluar la información y sus fuentes de una manera crítica.
- Participar activamente en la vida cívica.
- Promover los principios de democracia y estado de derecho.
- Respetar la diversidad de valores y normas culturales.

● **Hacer uso de capacidades y competencias culturales.**

  ◑ Apreciar diversas expresiones culturales y artísticas.
  ◑ Expresarse de manera creativa.

● **Hacer uso de capacidades y competencias empresariales y financieras:**

  ◑ Gestionar recursos financieros y materiales.
  ◑ Tener espíritu emprendedor.

● **Aplicar conocimientos generales:**

  ◑ Aplicar conocimientos científicos, tecnológicos y de ingeniería.
  ◑ Aplicar conocimientos de ciencias sociales y humanidades.
  ◑ Aplicar conocimientos de filosofía, ética y religión.

Las capacidades y competencias para la vida son aquellas habilidades necesarias para enfrentarse a los desafíos y situaciones de la vida cotidiana.

Capacidades y competencias físicas y manuales

Las **capacidades y competencias físicas y manuales** son aquellas habilidades relacionadas con el trabajo físico y manual.

 DEFINICIÓN

Capacidades y competencias físicas y manuales

La ESCO define las capacidades y competencias físicas y manuales en los siguientes términos:

Capacidades y competencias relacionadas con la habilidad para llevar a cabo tareas y actividades que requieran destreza manual, agilidad o fuerza física. Esto se demuestra al llevar a cabo tareas y actividades en entornos exigentes o peligrosos que requieren resistencia o fortaleza. Estas tareas y actividades pueden llevarse a cabo de forma manual, con otra intervención física directa o utilizando equipos, herramientas o tecnología (como dispositivos de TIC, maquinaria, artesanía o instrumentos musicales) que requieran orientación, movimiento o fuerza.

Tomando las definiciones de la ESCO, el Observatorio de las Ocupaciones determina las siguientes **capacidades y competencias físicas y manuales:**

Manipular y controlar objetos y equipos
- Mover objetos.
- Utilizar equipos, herramientas o tecnología con precisión.

Responder a circunstancias físicas
- Ajustarse a las exigencias físicas.
- Reaccionar a cambios o riesgos físicos.

Las capacidades y competencias físicas y manuales son aquellas habilidades relacionadas con el trabajo físico y manual.

[45]

PARA SABER MÁS

Puedes consultar una guía en la cual encontrarás estrategias para el desarrollo de las *soft skills*, accediendo desde aquí:

https://redirectoronline.com/ctro00020202

APLICACIÓN PRÁCTICA

Las *soft skill* son las habilidades personales requeridas para desempeñar un trabajo eficazmente. Une las siguientes *soft skills* con sus correspondientes categorías:

A	Dominar idiomas	1	Capacidades y competencias sociales y de comunicación
B	Procesar información, ideas y conceptos	2	Capacidades y competencias de autogestión
C	Adoptar un enfoque proactivo	3	Capacidades y competencias de razonamiento
D	Dirigir a otras personas	4	Capacidades y competencias físicas y manuales
E	Hacer uso de capacidades y competencias empresariales y financieras	5	Capacidades y competencias para la vida
F	Manipular y controlar objetos y equipos	6	Capacidades y competencias básicas

Continúa en página siguiente >>

[46]

<< Viene de página anterior

Solución

La relación correcta de las *soft skills* y sus categorías es la siguiente:

A	Dominar idiomas	6	Capacidades y competencias básicas
B	Procesar información, ideas y conceptos	3	Capacidades y competencias de razonamiento
C	Adoptar un enfoque proactivo	2	Capacidades y competencias de autogestión
D	Dirigir a otras personas	1	Capacidades y competencias sociales y de comunicación
E	Hacer uso de capacidades y competencias empresariales y financieras	5	Capacidades y competencias para la vida
F	Manipular y controlar objetos y equipos	4	Capacidades y competencias físicas y manuales

El Observatorio de las Ocupaciones adapta la clasificación de la ESCO al mercado laboral español, recogiendo las competencias transversales requeridas para los trabajadores.

Las *soft skills* quedan categorizadas en las competencias transversales.

Competencias transversales más demandadas

Atendiendo a la información que ofrece el Observatorio de las Ocupaciones del SEPE, tomando las competencias recopiladas en el proyecto "Ofertas de empleo" y "Prospección de necesidades formativas", **las competencias transversales más demandadas en el mercado laboral español,** en el año 2023, son las siguientes:

Continúa en página siguiente >>

<< Viene de página anterior

Reconocer las competencias personales y profesionales facilita el autoconocimiento de las competencias transversales de cada persona. De esta forma, es posible identificar las competencias y trasladarlas a las fases de selección: el currículum, la carta de presentación y la entrevista personal. Por otra parte, la identificación de competencias permite que las personas sean conscientes de sus fortalezas y debilidades en el ámbito profesional, de forma que puedan recibir una orientación laboral ajustada a sus necesidades y adaptarse o readaptarse al mercado laboral gracias a la formación y el acompañamiento en el proceso de acceso y mantenimiento en el empleo.

Los profesionales de la orientación laboral pueden trabajar eficazmente con los demandantes de empleo identificando sus competencias, optimizando de esta forma el diseño de itinerarios formativos y profesionales. Así mismo, les permite realizar un diseño de actividades formativas ajustadas a las necesidades y características de los usuarios de los servicios.

Las principales **herramientas de evaluación de competencias** son las siguientes:

1. **Cuestionarios de autoevaluación.** Estas herramientas permiten evaluar las propias competencias profesionales mediante preguntas estructuradas.
   Estos cuestionarios son instrumentos diseñados para que las personas evalúen sus propias competencias y habilidades en diferentes áreas relevantes para su desempeño profesional.
   Constan de una seria de preguntas o afirmaciones, relacionadas con competencias específicas y habilidades en diferentes área relevantes para su desempeño profesional.
   Estos cuestionarios pueden ayudar a las personas a identificar sus fortalezas y áreas de mejora, así como a establecer metas de desarrollo personal y profesional.

2. **Entrevistas basadas en competencias.** Se trata de entrevistas en las que los reclutadores o empleadores realizan preguntas específicas de determinar a los candidatos sobre las competencias relevantes para un puesto, con el objetivo de determinar si el entrevistado posee las competencias requeridas.

   Se diseñan de modo que el candidato pueda demostrar la forma en la que ha aplicado sus competencias en situaciones pasadas, con ejemplos concretos.

   Los entrevistadores evalúan las respuestas de los candidatos en función de indicadores específicos de competencia, como nivel de logro, el enfoque en resultados, el liderazgo o la capacidad de resolución de problemas.

3. **Evaluaciones psicométricas y de personalidad.** Son pruebas es las que se evalúan rasgos de personalidad, habilidades cognitivas y estilos de trabajo.

   Se trata de pruebas estandarizadas y validadas científicamente, para medir diferentes aspectos de la personalidad, características o habilidades específicas.

4. **Portafolios.** El portafolio consiste en una recopilación de los proyectos y trabajos que ha realizado una persona. Los empleadores y reclutadores evalúan y comprueban las competencias que el candidato demuestra en el trabajo presentado.

   El portafolio puede incluir ejemplos de proyectos, informes, certificaciones, recomendaciones y otros documentos que respalden y demuestren las competencias.

El **Cuestionario de Autodiagnóstico de Competencias Personales, herramienta *ComPersonal*,** desarrollado por el Observatorio de las Ocupaciones y alojado en el espacio web del SEPE, permite a cualquier persona identificar su nivel competencial, es decir, es una herramienta de autodiagnóstico de las competencias.

NOTA

La herramienta *ComPersonal* se basa en la ESCO *(European Skills, Competences, and Occupations)*, Clasificación Europea de Capacidades, Competencias, Cualificaciones y Ocupaciones.

Para elaborar el cuestionario se han tomado de referencia las competencias personales más demandas por el mercado laboral español, así como la frecuencia de aparición en las ofertas de empleo, lo que es analizado por el Observatorio de las Ocupaciones del SEPE.

Esta herramienta consiste en un autodiagnóstico en el que la persona reflexiona sobre sus competencias personales y aporta la información solicitada en el test. De esta forma, puede conocer cuáles son sus puntos fuertes y las competencias que debería mejorar.

Las respuestas guardan una estrecha relación con la experiencia laboral. Si la persona tiene experiencia, puede contestar basándose en las competencias que reconoce haber aplicado en su trabajo; en el caso de que no tenga experiencia, deberá valorar la adquisición de competencias atendiendo al concepto que tenga de sí mismo.

 PARA SABER MÁS

Puedes consultar el cuestionario de autodiagnóstico de competencias personales, *ComPersonal,* accediendo desde aquí:

https://redirectoronline.com/ctro00020203

 ACTIVIDAD COMPLEMENTARIA

2. Para que puedas planificar tus objetivos profesionales es necesario que desarrolles un proceso de autoconocimiento, que te sirva como punto de referencia para averiguar qué competencias deberías adquirir o en cuáles deberías mejorar para alcanzar tus metas profesionales.

Realiza un autodiagnóstico de tus competencias. Para ello, realizarás un cuestionario de autoevaluación de competencias.

Continúa en página siguiente >>

<< Viene de página anterior

Puedes explorar por internet en busca de un cuestionario o puedes acceder desde aquí:

https://redirectoronline.com/ctro00020203

A continuación reflexiona sobre las siguientes cuestiones:

· ¿Es sencillo realizar un autodiagnóstico a través de un cuestionario?
· ¿Cómo es el proceso?
· ¿Qué resultados arroja el cuestionario?
· ¿Cuáles son tus competencias más destacadas?
· ¿Alguna coincide con las competencias más demandadas?

El Instituto Nacional de las Cualificaciones (INCUAL)

La **evaluación de competencias profesionales** es un proceso que se basa en la identificación de competencias de una persona, con el objetivo de compararlas con el perfil profesional de un puesto de trabajo, de forma que se pueda evaluar si cumple los requisitos para una ocupación o qué competencias debe desarrollar para trabajar en un empleo determinado.

En España, **el Instituto Nacional de las Cualificaciones (INCUAL)** es el encargado de elaborar **los perfiles profesionales.** El **Catálogo Nacional de Cualificaciones Profesionales** es un instrumento del Sistema Nacional de las Cualificaciones y Formación Profesional en España. Su objetivo principal es ordenar y reconocer las cualificaciones profesionales identificadas en el sistema productivo, basándose en las competencias necesarias para el ejercicio de una profesión específica.

El catálogo comprende las cualificaciones profesionales más significativas del sistema productivo español, organizadas en familias profesionales y niveles.

El INCUAL es el responsable de definir, elaborar y mantener actualizado el catálogo, con el objetivo de asegurar el carácter integrado y la adaptación entre la Formación Profesional y el mercado laboral, promoviendo la formación a lo largo de la vida y mejorando la empleabilidad.

El INCUAL organiza los **perfiles profesionales** siguiendo la siguiente **estructura:**

- ➲ **Definición de perfil profesional.** Un perfil profesional describe las competencias, conocimientos, habilidades y aptitudes necesarias para ejercer una ocupación o puesto de trabajo específico.
  Estas competencias y habilidades son relevantes para el empleo y pueden ser adquiridas a través de la formación modular, la experiencia laboral o cualquier otro tipo de formación.
- ➲ **Estructura de un perfil profesional.** Cada perfil profesional se identifica mediante un código único y se asocia a una familia profesional y a un nivel de cualificación (1, 2 o 3).
  El perfil profesional se compone de los siguientes elementos:

  - ◑ Competencia general: describe brevemente los cometidos y funciones esenciales del profesional.
  - ◑ Entorno profesional: describe el ámbito en el que se desarrolla la actividad, especificando el tipo de organizaciones, sectores productivos, ocupaciones y puestos de trabajo relacionados.
  - ◑ Unidades de competencia: son conjuntos de competencias profesionales que pueden ser reconocidas y acreditadas de forma parcial.
  - ◑ Módulos formativos: son las referencias formativas necesarias para adquirir cada unidad de competencia.

- ➲ **Evaluación y acreditación de competencias.** Los perfiles profesionales son fundamentales para el diseño de la oferta formativa, ya que sirven como base para la elaboración de los títulos de Formación Profesional, los certificados profesionales y otras ofertas formativas adaptadas a necesidades específicas.
  Además, los perfiles profesionales permiten evaluar y acreditar las competencias de las personas trabajadoras, tanto aquellas adquiridas mediante la formación como las obtenidas a través de la experiencia laboral. Estas acreditaciones son acumulables, lo que significa que se pueden obtener de forma parcial y luego completar la cualificación mediante un título de formación profesional o un certificado de profesionalidad.

PARA SABER MÁS

Puedes consultar información detallada sobre las diversas ocupaciones y las competencias requeridas en el INCUAL, accediendo desde aquí:

https://redirectoronline.com/ctro00020204

El catálogo proporciona información detallada sobre **las cualificaciones profesionales existentes, sus perfiles y las competencias requeridas,** lo que ayuda a los trabajadores a tomar decisiones sobre su desarrollo profesional y a los empleadores a identificar las habilidades necesarias para cada puesto de trabajo.

ACTIVIDAD COMPLEMENTARIA

3. Para que puedas desempeñar una ocupación es necesario que conozcas las competencias requeridas, con la finalidad de contrastar las exigencias de la ocupación con las competencias que has adquirido y diseñar un plan de acción.

   Compara las competencias que has adquirido con las competencias profesionales que se requieren en tu ocupación o aquella a la que aspiras.

   Para ello, investiga tu perfil profesional en el INCUAL, la cualificación necesaria y la capacitación que requiere. Si no tienes experiencia laboral o tu idea es cambiar de profesión, puedes investigar aquella ocupación que te gustaría realizar en el futuro. Seguidamente, compara los requerimientos con tus competencias.

Continúa en página siguiente >>

<< Viene de página anterior

A continuación, reflexiona acerca de las siguientes cuestiones:

· ¿De qué ocupación se trata?
· ¿Cuáles son las competencias requeridas?
· De las competencias requeridas, ¿cuáles ya has adquirido y puedes acreditar?
· ¿Cuáles deberías adquirir o mejorar?

2.3. Estrategias de definición de los objetivos profesionales y personales

El establecimiento de los objetivos profesionales es una fórmula para que la persona se enfoque eficazmente en la consecución de sus metas. Se trata de un proceso continuo en el que la persona toma decisiones sobre los objetivos que le permiten mejorar profesionalmente, continuar avanzando en la carrera y evolucionar.

IMPORTANTE

Los objetivos profesionales son individuales, se personalizan según el momento, las necesidades y las perspectivas profesionales.

Proponerse metas profesionales específicas mantiene a las personas motivadas y comprometidas con el esfuerzo que dedican hacia las metas propuestas, obteniendo la satisfacción de los logros.

Según la **temporalización,** podemos agrupar los objetivos profesionales en **tres categorías:**

Objetivos a corto plazo
- Metas que alcanzar en un plazo breve, cercanas al presente.
- Las metas se alcanzarán en días, semanas o meses.
- No tomarán más de 1 año.
- Se enfocan a logros inmediatos. Son los pasos necesarios para alcanzar objetivos a medio plazo.

Objetivos a medio plazo
- Metas que alcanzar entre 1 y 3 años.
- Estos objetivos son el puente entre los objetivos a corto plazo y los objetivos mayores, más trascendentales, a largo plazo.

Objetivos a largo plazo
- Metas que alcanzar en más de 3 años.
- Determinan el rumbo de la carrera profesional a largo plazo.
- Requieren una visión clara, ya que se conseguirán gracias a la consecución de los objetivos a medio plazo.

Según el área de incidencia, identifican **distintos tipos de objetivos profesionales,** pero, en cualquier caso, estos objetivos ayudan a avanzar en la carrera estableciendo metas específicas, lo cual facilitará el acceso al empleo, el reciclaje profesional o las mejoras laborales, con sus consecuentes beneficios respecto a la estabilidad y la mejora salarial.

Según su **motivación,** se pueden clasificar los **objetivos profesionales** en las siguientes **categorías:**

⊃ **Mejorar la empleabilidad.** Las personas en situación de desempleo van a tener como objetivo profesional prioritario mejorar su empleabilidad para incorporarse al mercado laboral.
La mejora de la empleabilidad puede implicar la mejora o la adquisición de competencias, la realización de formaciones, la obtención de certificaciones, la realización de prácticas en empresas, la participación en voluntariado, etc.
⊃ **Avanzar en el área de especialidad.** Las personas que ya se encuentran trabajando pueden proponerse alcanzar la promoción profesional, asumir mayor responsabilidad, subir de nivel en la empresa.
Avanzar en el área de especialidad puede implicar la mejora o la adquisición de competencias, la realización de formaciones, la participación en las formaciones de la propia empresa, la acumulación de méritos para subir de nivel, la ampliación de contactos profesionales, etc.

- **Cambiar la trayectoria profesional.** Las personas que no estén satisfechas con su trayectoria profesional pueden proponerse darle un giro y cambiar a otro sector laboral, especialidad o área.
  Cambiar la trayectoria profesional puede implicar la realización de nuevos estudios académicos, capacitaciones en la nueva área de interés, la prospección de empresas del nuevo sector, etc.
- **Conciliar.** Muchas personas trabajadoras se encuentran con dificultades para alcanzar un equilibrio entre la vida personal, familiar y laboral. Por este motivo, un objetivo profesional puede ser encontrar estrategias que liberen tiempo de trabajo con el objetivo de conciliar.
  Los objetivos profesionales que priorizan la conciliación pueden implicar cambiar de modalidad de trabajo (por ejemplo, teletrabajo), cambiar de horarios laborales, delegar responsabilidades, etc.
- **Alcanzar un mayor grado de experiencia.** Los trabajadores que aspiren a convertirse en referente en el campo profesional deben proponerse avanzar en sus conocimientos y alcanzar un mayor grado de experiencia. Puede implicar realizar investigaciones, colaborar en publicaciones, impartir comunicaciones, participar en actividades de *networking*.
- **Emprender.** El espíritu emprendedor o el descontento con el mercado de trabajo pueden llevar a las personas a proponerse, como objetivo profesional, emprender en un negocio o desarrollar su trabajo como profesional autónomo.
  Emprender puede implicar adquirir nuevas habilidades relacionadas con el ámbito empresarial y el trabajo autónomo, aprender a gestionar un negocio, captar clientes, etc.

Los objetivos profesionales deben diseñarse con precisión y cumpliendo las características de la **metodología SMART,** ya que los objetivos deben ser específicos y medibles, para comprobar el progreso y, finalmente, el éxito en la consecución.

Siguiendo la metodología SMART, los **objetivos profesionales** deben cumplir las siguientes **características:**

- *Specific* **(específicos).** Los objetivos profesionales deben ser claros y específicos.
  A mayor especificidad en los objetivos, mayor facilidad para crear un plan de acción para alcanzarlos.
- *Measurable* **(medibles).** Los objetivos deben ser cuantificables o medibles para poder evaluar el progreso y el éxito en la consecución.
- *Achievable* **(alcanzables).** Los objetivos deben ser alcanzables, relacionados con el punto de partida, y ajustado a los recursos y el tiempo necesarios para poder alcanzarlos.

⊃ **Realistic (realistas).** Los objetivos deben ser relevantes para la persona, relacionados con la situación actual de la persona, las perspectivas profesionales y las posibilidades a su alcance.
Se debe permitir cierto margen de flexibilidad en los objetivos, ya que frecuentemente se van a presentar obstáculos y dificultades inesperadas que frenen el progreso.

⊃ **Timely (oportunos).** Los objetivos deben tener un plazo o fecha límite para su logro.

Es necesario establecer un marco de tiempo específico para mantener el enfoque y la motivación.

 TAREA 2

Alberto es diseñador de páginas web y actualmente se encuentra en desempleo. Se propone como objetivo profesional mejorar sus competencias profesionales para incidir positivamente en su empleabilidad.

Define su objetivo profesional aplicando la metodología SMART.

- -

2.4. Planificación del objetivo profesional

La planificación de los objetivos profesionales es un proceso continuo y flexible. Puede requerir ajustes a medida que se adquieran nuevas competencias o cambien las circunstancias. Es importante revisar y actualizar regularmente el plan de acción para garantizar que se están realizando los pasos adecuados hacia las metas profesionales.

La planificación del objetivo profesional consta de las siguientes **fases:**

1. **Identificar los puntos fuertes y débiles.** La persona debe conocer sus propias habilidades, revisar sus experiencias y conocimientos.
Tomando el autoconocimiento como punto de partida, puede identificar las áreas en las que necesita mejorar los conocimientos y las competencias o adquirir más experiencia.
En esta fase la persona se pregunta quién es, qué hace y qué le gustaría hacer.

En este momento debe tener en cuenta las demandas del mercado laboral, valorando en qué puestos hay más ofertas y cuáles se adaptan mejor al perfil profesional.

2. **Definir los objetivos.** Una vez que se ha realizado el diagnóstico, se procede a diseñar los objetivos.

   Los objetivos profesionales deben ser específicos, medibles, pertinentes y cumplir un plazo determinado, por lo que se aplica la metodología SMART.

   Los objetivos pueden ser a corto o largo plazo.

3. **Crear un plan de acción.** Una vez que se han establecido los objetivos, es necesario crear un plan de acción detallado para alcanzarlos.

   Este plan debe incluir los pasos específicos que se van a seguir, los recursos necesarios y los plazos que se te han fijado.

   Es recomendable dividir los objetivos en tareas más pequeñas y manejables, estableciendo hitos para evaluar el progreso y los logros.

La **herramienta DAFO (debilidades, amenazas, fortalezas y oportunidades)** es una matriz en la que se representan cuatro ámbitos de análisis, con el objetivo de realizar un diagnóstico sobre la situación de la persona, para desarrollar los objetivos personales y profesionales.

El análisis DAFO se aplica para la evaluación de las empresas y proyectos, pero también en el diagnóstico de la situación profesional de un individuo.

Con el resultado del análisis DAFO la persona puede orientarse en la toma de decisiones, organizar planificadamente sus acciones para el cambio y establecer las prioridades a la hora de actuar.

La **matriz DAFO** comprende dos tipos de **variables:**

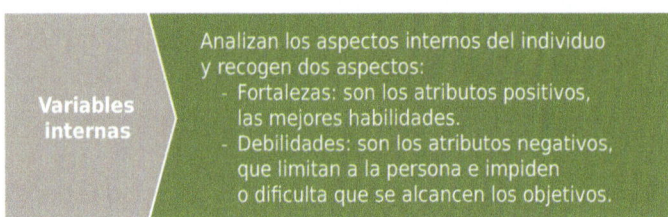

Continúa en página siguiente >>

<< Viene de página anterior

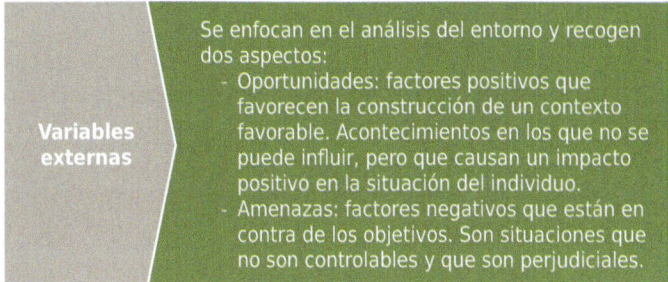

Las variables que se deben incluir en la matriz DAFO son las siguientes:

Fortalezas:

- Actividades satisfactorias
- Estrategias de resolución de problemas
- Mayores cualidades
- Aspectos diferenciales respecto a otras personas en las mismas circunstancias

Debilidades:

- Comportamientos que dificultan la consecución de los objetivos
- Situaciones en las que se ha fracasado
- Habilidades que mejorar
- Dificultad para afrontar nuevos proyectos y tareas

Oportunidades:

- Recursos disponibles en el entorno
- Estrategias para aprovechar los recursos del entorno
- Oportunidades que abren las fortalezas
- Circunstancias favorables para la consecución de objetivos

Amenazas:

- Problemáticas del entorno que afectan al individuo
- Riesgos existentes que afectan a la consecución de objetivos
- Problemas que pueden surgir en el proyecto profesional
- Competencia existente en el entorno que afectan al proyecto

El Observatorio de las Ocupaciones analiza las ocupaciones para detectar las competencias requeridas, con el objetivo de detectar las necesidades formativas del mercado de trabajo.

En su **buscador interactivo,** el Observatorio ofrece información sobre cada ocupación, identificando:

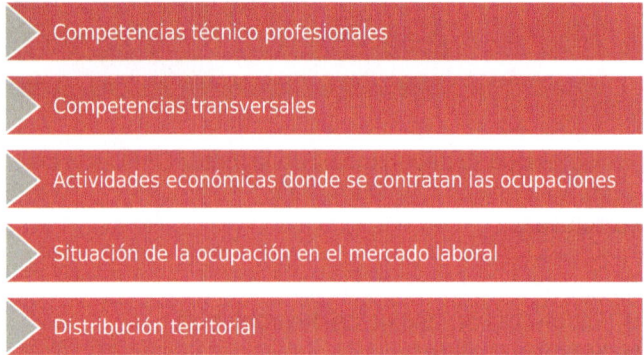

Competencias técnico profesionales

Competencias transversales

Actividades económicas donde se contratan las ocupaciones

Situación de la ocupación en el mercado laboral

Distribución territorial

Al introducir una ocupación en el buscador interactivo, aparecerán las competencias requeridas para desempeñarla.

De esta forma, es posible localizar la ocupación que se desempeña o se pretende desempeñar, identificar las competencias requeridas y compararlas con el resultado de la evaluación de competencias, con el objetivo de detectar en qué ámbito se debe mejorar o qué nuevas competencias hay que adquirir.

PARA SABER MÁS

Si lo deseas puedes acceder al buscador desde aquí:

https://redirectoronline.com/ctro00020205

 **TAREA 3**

Alberto se propone realizar un análisis DAFO para conocer su punto de partida respecto a sus habilidades profesionales.

Diseña una matriz DAFO con las preguntas que debería hacerse Alberto para conocer su situación actual, tomando de referencia las variables que se han explicado.

---

3. Resumen

En el ámbito laboral se distinguen dos tipos de competencias:

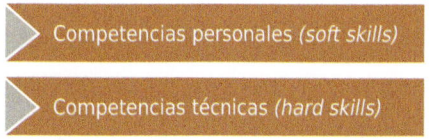

La ESCO *(European Skills, Competences, and Occupations)*, Clasificación Europea de Capacidades, Competencias, Cualificaciones y Ocupaciones, reparte las habilidades y competencias en cuatro categorías:

Las *soft skills* quedan categorizadas en las competencias transversales, que el Observatorio de las Ocupaciones adapta al mercado laboral español, organizándolas en las siguientes categorías:

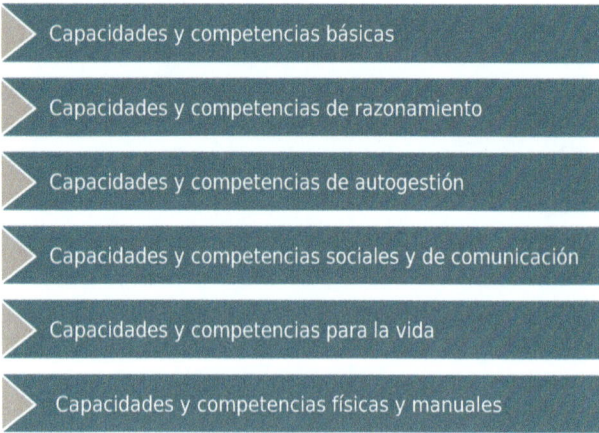

- Capacidades y competencias básicas
- Capacidades y competencias de razonamiento
- Capacidades y competencias de autogestión
- Capacidades y competencias sociales y de comunicación
- Capacidades y competencias para la vida
- Capacidades y competencias físicas y manuales

Las principales herramientas de evaluación de competencias son las siguientes:

Cuestionarios de autoevaluación	Entrevistas basadas en competencias	Evaluaciones psicométricas y de personalidad	Portafolios

El establecimiento de objetivos profesionales proporciona a la persona una dirección y un propósito, de forma que pueda centrar sus energías en metas específicas. Según el ámbito de actuación, pueden clasificar los objetivos profesionales en las siguientes categorías:

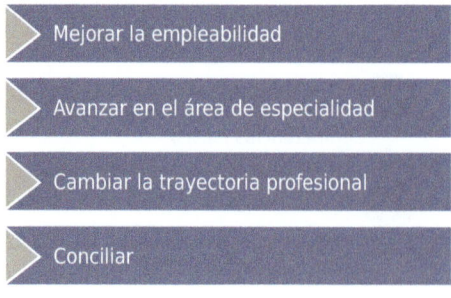

- Mejorar la empleabilidad
- Avanzar en el área de especialidad
- Cambiar la trayectoria profesional
- Conciliar

Continúa en página siguiente >>

<< Viene de página anterior

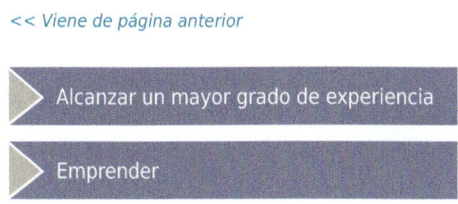

Siguiendo la metodología SMART, los objetivos profesionales deben cumplir las siguientes características:

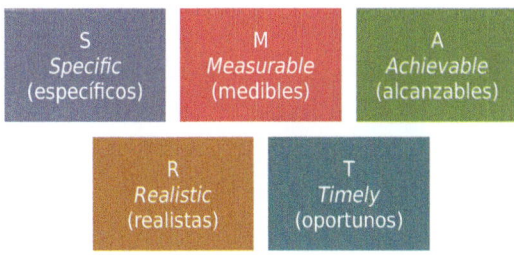

La herramienta DAFO (debilidades, amenazas, fortalezas y oportunidades) es una matriz en la que se representan cuatro ámbitos de análisis, con el objetivo de realizar un diagnóstico sobre la situación de la persona.

Ejercicios de autoevaluación
Unidad de Aprendizaje 2

1. Indica si la siguiente oración es verdadera o falsa: "Las *hard skills* con tangibles y medibles, y son empleadas por los empleadores en la selección de candidatos para un puesto de trabajo. Sin embargo, es imprescindible complementarlas con las *soft skills* para un óptimo desempeño".

   ■ Verdadero
   ■ Falso

2. Indica si la siguiente oración es verdadera o falsa: "Las capacidades y competencias de razonamiento son las habilidades relacionadas con la gestión personal y el autodesarrollo".

   ■ Verdadero
   ■ Falso

3. Completa:

   El _____ resulta fundamental en la evaluación de las _____ personales y profesionales, con la finalidad de mejorar el desarrollo profesional o la _____ de una persona. Permite identificar y comprender las _____, debilidades y áreas de crecimiento, imprescindible para tomar decisiones informadas y diseñar _____ de mejora.

4. ¿Qué son las *soft skills?*

   a. Las habilidades técnicas específicas que se adquieren a través de la educación, la formación y la experiencia laboral.
   b. El conocimiento de los procedimientos en el ámbito laboral.
   c. El dominio del funcionamiento de maquinaria y herramientas.
   d. Una combinación habilidades personales y atributos profesionales, que facultan a los trabajadores para desenvolverse en su entorno profesional.

5. ¿Qué es la ESCO?

    a. Clasificación Europea de Capacidades, Competencias, Cualificaciones y Ocupaciones.
    b. Observatorio de las Ocupaciones de España.
    c. Clasificación española de las cualificaciones profesionales.
    d. Todas las opciones son correctas.

6. En España, ¿qué organismo se encarga de elaborar los perfiles profesionales según las cualificaciones profesionales?

    a. SEPE
    b. ESCO
    c. INCUAL
    d. Ministerio de Trabajo y Economía Social

7. ¿Cómo se pueden conocer las competencias personales y profesionales más demandadas por el mercado laboral español?

    a. Planificando los objetivos profesionales.
    b. Realizando un autodiagnóstico de competencias.
    c. A través de la información que ofrece el Observatorio de las Ocupaciones del SEPE.
    d. Todas las opciones son correctas.

8. ¿Cómo se pueden caracterizar los objetivos profesionales a medio plazo?

    a. Metas profesionales que se alcanzan en menos de 1 año.
    b. Metas profesionales que se alcanzan en más de 1 año, pero antes de 3 años.
    c. Metas profesionales que se alcanzan en más de 3 años.
    d. Metas profesionales inalcanzables que se utilizan para avanzar.

9. ¿Qué objetivos profesionales puede implicar la mejora de la empleabilidad?

    a. La mejora o adquisición de competencias.
    b. Alcanzar un equilibrio entre la vida personal, familiar y laboral.
    c. Adquirir conocimientos sobre el emprendimiento.
    d. Asumir nuevas responsabilidades en la empresa.

10. **Indica si la siguiente oración es verdadera o falsa: "La planificación de los objetivos profesionales es un proceso inflexible, no permite ajustes sobre la marcha".**

   ■ Verdadero
   ■ Falso

Herramientas para la búsqueda de empleo

Contenido

Objetivos

El objetivo general de esta Unidad de Aprendizaje es:

→ Identificar los recursos y herramientas más efectivas para la búsqueda de empleo, así como ser capaz de afrontar una entrevista de trabajo con éxito.

Los objetivos específicos de esta Unidad de Aprendizaje son:

→ Reconocer los principales recursos para la búsqueda de empleo.

→ Identificar diferentes estrategias en la búsqueda de empleo.

→ Aprender a diseñar las herramientas relacionadas con la búsqueda de empleo.

→ Comprender las estrategias para superar la entrevista de trabajo.

→ Conocer las estrategias para crear una marca personal.

1. Introducción

En las sociedades actuales, el empleo no es solo un medio de vida, sino que implica desarrollo, estabilidad y bienestar. La exigencia del mercado y la alta cualificación del conjunto de trabajadores hace que el proceso de búsqueda de empleo se haya convertido en todo un reto.

No es suficiente con poseer conocimientos técnicos sobre la profesión que se vaya a ejercer, sino que el mercado laboral demanda gran cantidad de habilidades, muchas de ellas relacionadas con el uso de las nuevas tecnologías.

Esta exigencia se traslada al proceso de búsqueda de empleo: es necesario conocer los recursos y herramientas para resultar competitivo en los procesos selectivos y superar todas las fases. Para ello, es necesario seguir una estrategia que se beneficie de los recursos existentes, diseñar un buen currículum y una óptima carta de presentación, hacer contactos y mantener una buena reputación digital. Además, hay que entrenarse para las entrevistas y prever las diversas circunstancias que se van a presentar durante los procesos selectivos.

Una buena estrategia y una preparación conducirá a los candidatos a su objetivo profesional: la contratación en el puesto de trabajo deseado.

El autoconocimiento y la reflexión sobre las aspiraciones profesionales han llevado a Alberto a proponerse como meta trabajar de diseñador web en una empresa prestigiosa, de modo que suponga una mejora profesional y económica. Para ello, va a utilizar todos los recursos a su alcance, desplegando una estrategia planificada para encontrar empleo.

Acompaña a Alberto en su estrategia de búsqueda de empleo, ayudándole a identificar las estrategias y recursos que debería utilizar.

2. Identificación de recursos para la búsqueda de empleo

👉 HILO CONDUCTOR

Alberto tiene claros sus objetivos profesionales y está dispuesto a utilizar todos los recursos a su alcance para conseguirlos. Para ello debe explorar las distintas opciones que tiene a su disposición y aplicar las estrategias que sean necesarias para encontrar un empleo ajustado a sus intereses.

Primero, necesita recopilar los principales recursos para la búsqueda de empleo, revisando los servicios públicos, las entidades que se dedican a ofrecer servicios para personas desempleadas y las distintas estrategias que se pueden seguir para encontrar ofertas de empleo.

La búsqueda de oportunidades laborales es un reto para todas las personas. En la mejora de las condiciones de vida, el empleo supone un elemento fundamental, pues conduce al bienestar, a la estabilidad, al desarrollo de la ciudadanía, etc. En este contexto, es necesario destacar que el empleo no consiste solo en realizar un trabajo por un salario, sino que también es imprescindible hablar del "trabajo decente".

DEFINICIÓN

Trabajo decente
Es un trabajo productivo que proporciona unos ingresos justos, derechos, protección social y apoya el crecimiento económico sostenible. Es una fuente de dignidad y la base de la paz, la justicia social y una mayor igualdad. Está en el centro de la Agenda 2030 de la ONU (Organización Internacional del Trabajo OIT).

2.1. Estrategias de búsqueda de empleo

Todas las ocupaciones y perfiles profesionales están caracterizadas por una alta rotación y una gran competencia entre candidatos. La búsqueda de empleo, en un entorno globalizado, se ha convertido en un reto para todo tipo de profesiones.

El mercado laboral puede ser altamente competitivo, y ya no es suficiente con conocimientos técnicos sobre una profesión, sino que se demanda, cada vez más, la adquisición de competencias personales, referencias, recomendaciones, una marca personal y buena reputación.

En esta competencia laboral es muy frecuente, y normal, tener que enfrentarse a numerosos rechazos, no obtener respuestas a las candidaturas, no encontrar las ofertas que respondan a los objetivos personales o profesionales, y dedicar mucho tiempo al proceso, lo cual puede resultar desalentador. Pero se puede dominar y superar este proceso identificando los recursos para la búsqueda de empleo, desplegando estrategias planificadas, optimizando las herramientas para la búsqueda de empleo y entrenando para superar todas las fases hasta llegar al objetivo final: la contratación en ese puesto deseado.

Servicios públicos de empleo

Las personas que se encuentran en situación de desempleo deben comenzar su proceso de búsqueda actualizando su demanda en el Servicio de Empleo de la comunidad autónoma, inscribiéndose como demandantes. Igualmente, pueden acceder al SEPE y revisar si le corresponde algún tipo de subsidio de desempleo.

Las personas que se encuentran buscando una mejora de empleo, y que están trabajando, también pueden activar, en la demanda de empleo del Servicio de Empleo de su comunidad autónoma, su situación de búsqueda de mejora profesional. De esta forma, podrá inscribirse a ofertas, aunque esté empleado.

En cualquier caso, es necesario conocer los **servicios públicos relacionados con el empleo** para valorar qué servicios pueden ser de utilidad:

⮑ **Servicio Público de Empleo Estatal (SEPE).** El SEPE es el organismo público responsable de diseñar y desarrollar medidas y acciones para el empleo. Es un órgano adscrito al Ministerio de Trabajo y Economía Social que, en colaboración con los Servicios Públicos de Empleo de las comunidades autónomas, forman el Sistema Nacional de Empleo. El SEPE es responsable de ofrecer los siguientes servicios:

 ↻ Información e inscripción en ofertas laborales.

◊ Gestión y asistencia respecto a las prestaciones y subsidios por desempleo.
◊ Servicios de Empleo de las comunidades autónomas.
◊ Inscripción en el Registro del Sistema Nacional de Garantía Juvenil.

⮩ **Sistema Nacional de Garantía Juvenil.** El Gobierno ha impulsado el Sistema Nacional de Garantía Juvenil, con el objetivo de mejorar la empleabilidad de los jóvenes menores de treinta años. Su misión es garantizar que los jóvenes de esta edad que estén desempleados y no estén estudiando se beneficien de las siguientes acciones:

◊ Acceder a un empleo (las empresas obtienen bonificaciones por contratar a jóvenes).
◊ Acceder a un plan de formación que capacite para el desempeño de una profesión.
◊ Finalizar la enseñanza obligatoria.
◊ Estudiar Formación Profesional.
◊ Recibir ayuda y asesoramiento para el emprendimiento.

⮩ **Servicios de Empleo de las comunidades autónomas.** Los servicios autonómicos de empleo ofrecen ofertas de empleo y derivación a servicios de orientación laboral en su ámbito geográfico.
Así mismo, son los organismos responsables de la inscripción de la demanda de empleo.
⮩ **Unidades de orientación de las comunidades autónomas.** Las unidades autonómicas ofrecen orientación para el empleo y recursos para la mejora de la empleabilidad.
A través de las Unidades de orientación de las comunidades autónomas se puede acceder a los itinerarios personalizados de inserción (IPI) y las acciones formativas para la empleabilidad.
⮩ **Punto de Empleo Municipal.** Los municipios ofrecen, generalmente, un servicio para el empleo, gestionado por los ayuntamientos, en los que se pueden encontrar servicios de orientación laboral, asesoramiento para la elaboración de currículums, talleres de búsqueda de empleo, información sobre ofertas de empleo en la localidad y oportunidades de capacitación.
Adicionalmente, algunos puntos de empleo ofrecen programas de inserción laboral, en los que realizan intermediación entre las empresas locales y los demandantes de empleo.
⮩ **Servicios de orientación laboral.** Los servicios de empleo autonómico ofrecen un servicio gratuito de orientación laboral, en los que se ofrece asesoramiento sobre la búsqueda de empleo, información sobre ofertas de trabajo, orientación sobre formación y apoyo en el desarrollo de herramientas como el currículum vítae.

Además, se encargan de desarrollar itinerarios personalizados de inserción, programas diseñados para ayudar a las personas desempleadas a encontrar trabajo. En estos programas se realiza un diagnóstico sobre la situación inicial del demandante de empleo para trazar una estrategia de mejora de la empleabilidad, a través de formación, cuando sea necesario, y el acompañamiento durante todo el proceso de búsqueda de empleo.

Servicios para la búsqueda de empleo

Existen empresas y entidades que conectan a las empresas con los demandantes de empleo. Estas organizaciones son un recurso muy útil en la búsqueda de empleo. Así mismo, también existen profesionales contratados por las empresas para buscar a los candidatos más idóneos a sus ofertas de empleo.

Los principales **servicios para la búsqueda de empleo** son los siguientes:

- ⮞ **Agencias de colocación.** Las agencias de colocación son entidades, públicas o privadas, cuya misión es proporcionar empleo a los demandantes.
  Frecuentemente realizan convenios de colaboración con el SEPE y los Servicios de Empleo Público de las comunidades autónomas.
- ⮞ **Empresas de trabajo temporal (ETT).** Las ETT son entidades cuya actividad principal es poner a disposición de otras empresas (denominadas empresas usuarias) trabajadores contratados temporalmente.
  Actúan como intermediarias en el mercado laboral, facilitando la contratación temporal de personal para cubrir necesidades específicas de las empresas usuarias, tales como picos de trabajo, sustituciones por bajas, vacaciones o proyectos puntuales.
- ⮞ **Servicios de *headhunting*.** Disponer de un CV público y de un perfil profesional en las redes sociales de empleo permite que sean los propios reclutadores los que se pongan en contacto con demandantes de empleo.
  El *headhunter,* o cazatalentos, se dedica a la búsqueda de personal para empresas que le contratan con esta finalidad. Es un reclutador independiente que ofrece sus servicios a las empresas para localizar a los candidatos más adecuados a las ofertas de las organizaciones.
  Por este motivo resulta fundamental disponer de un perfil público en el que se etiqueten las habilidades y conocimientos técnicos, pues los *headhunters* realizan búsquedas en las redes sociales de empleo a través de etiquetas, para encontrar el candidato ideal.
  Este método se usa frecuentemente en la búsqueda de directivos y predirectivos, además de algunos perfiles específicos de difícil cobertura,

aunque cualquiera puede ser fichado para un empleo si ofrece su información y disponibilidad de forma pública.

⊃ **Servicios de *coaching*.** Otra opción en la búsqueda de empleo consiste en recurrir a los servicios de un *coach* de empleo, un profesional especialista en orientación laboral que ofrece asesoramiento y apoyo para encontrar y conseguir un empleo determinado.

Estos profesionales ofrecen, entre sus servicios, orientación laboral, evaluación de competencias, análisis de puntos débiles y fortalezas, creación de estrategias para la búsqueda de empleo, entrenamiento para las entrevistas y apoyo en el desarrollo de la marca personal.

Se pueden encontrar en las redes sociales especializadas en empleo.

Un servicio de coach puede ayudar a desarrollar la estrategia más adecuada en la búsqueda de empleo y crear una marca personal.

Además de los servicios para la búsqueda de empleo, es necesario mantener una actitud proactiva, buscando ofertas a través de distintos canales. Es recomendable diversificar los medios por los que se buscan ofertas de empleo. En el desarrollo de la estrategia para la empleabilidad se detectarán los canales más eficaces para ello.

Los **canales de ofertas de empleo** más habituales son los siguientes:

⊃ **Colegios y asociaciones profesionales.** Muchas instituciones educativas y asociaciones profesionales cuentan con bolsas de empleo para estudiantes o para sus miembros. Estas bolsas de trabajo suelen publicar ofertas laborales que se ajustan al perfil de los graduados o profesionales de ese campo específico.

⊃ **Sindicatos y cofradías.** Aunque no es su función, los sindicatos y cofradías pueden publicar ofertas de empleo en sus tablones de anuncios y otros espacios, ya que, al estar en contacto con los trabajadores y el ámbito empresarial, puedes proporcionar información interesante, así como ofertas de formación y capacitación.

- **Anuncios en prensa.** La prensa es el medio menos empleado para buscar empleo, pero no deja de ser otra opción que no hay que dejar de lado, especialmente las ofertas que se publican en los medios locales, ya que tienen un menor alcance y más localizado.

- **Portales de empleo.** Actualmente, la búsqueda de empleo en portales de empleo es la estrategia más extendida, debido a la proliferación de estos servicios, la inmediatez y la posibilidad de acceder a un alto número de ofertas en un solo lugar.

- **Redes sociales.** Las redes sociales se han convertido en los medios de comunicación de masas más utilizados diariamente. No solo se emplean para la diversión y establecer comunicaciones con los contactos, sino que son una potente herramienta para la búsqueda de empleo.
  Podemos distinguir dos **tipos de redes sociales:**

  - Redes sociales generalistas: *Instagram, Facebook, X* y *WhatsApp* son las más populares en España. La forma de acceder a las ofertas de empleo en estas redes consiste en seguir a las empresas de interés y sus reclutadores, seguir los portales de empleo y formar parte de los grupos y comunidades donde se comparten ofertas. Las redes sociales evolucionan constantemente y ofrecen nuevas herramientas. Por ejemplo, *WhatsApp* permite unirse a canales de empleo y de empresas, lo que mantiene al usuario al día de las novedades, que le llegan al teléfono instantáneamente. Así mismo, son fundamentales para realizar *networking* y generar una buena reputación digital.

  - Redes sociales profesionales: existen redes sociales específicas de empleo y dedicadas al ámbito empresarial y del *networking*. En España, la red líder es *LinkedIn,* pero están disponibles otras como *Xing* o *Gust,* enfocadas a un ámbito más bien internacional.

2.2. Portales de búsqueda de empleo

La democratización de internet y el uso de las nuevas tecnologías, sobre todo el uso de los dispositivos móviles, ha supuesto una auténtica revolución para la búsqueda de empleo.

Los portales web de empleo son espacios en los que las empresas publican sus ofertas de empleo. Supone un coste para las empresas, que tienen la oportunidad de recibir currículums a través de los servicios del portal.

Los candidatos pueden subir sus currículums y publicar un perfil profesional en el que se muestren los datos relevantes. Las empresas pueden contactar con ellos a través del portal o los datos de contacto que suministren.

La búsqueda de empleo a través de los portales web ofrece los siguientes **beneficios** y **ventajas:**

1. **Gran cantidad y variedad de oportunidades.** Los portales de empleo publican ofertan de todos los sectores y niveles, por lo que se puede acceder a las ofertas de un gran número de empresas en un mismo lugar.
2. **Sencillez de uso.** Las plataformas son accesibles desde cualquier dispositivo con conexión a internet y no son necesarios conocimientos técnicos.
3. **Perfil público.** Para poder enviar el currículum a las ofertas de empleo es necesario cumplimentar un cuestionario que dará como resultado un perfil público. Este perfil puede ser visible para las empresas en la mayoría de los portales y permite gestionar la imagen y la reputación digital. Así, mismo los portales permiten subir el currículum en diversos formatos, por lo que se puede enviar a las empresas un documento más detallado a través del mismo servicio.
4. **Aplicación *online*.** Los portales ofrecen la opción de aplicar a los puestos de forma sencilla una vez que se dispone del perfil profesional, generalmente pulsando la opción **Aplicar al puesto** se le hace llegar el currículum a los reclutadores.
5. **Notificaciones y alertas.** Se pueden configurar las opciones de forma que el candidato reciba notificaciones y alertas en cuando se publique una oferta de su interés, ya sea indicando la ocupación o la empresa.
6. **Interacción con reclutadores.** Muchos de estos portales permiten que los reclutadores envíen mensajes a través de la propia plataforma, a través de mensajes o, incluso, de un chat en directo.
7. **Integración en aplicaciones.** Además, todas las redes sociales disponen de su *app* para el móvil u otros dispositivos, con lo cual es posibles recibir las novedades de forma instantánea a través de notificaciones y enviar el currículum de forma inmediata a las ofertas de interés.

Internet es un mundo lleno de posibilidades, existe una amplia oferta de portales de empleo. Solo hay que investigar por la Red y es fácil encontrar una amplia variedad de sitios web con anuncios de empleo. Para conocer los portales más afines a los intereses o aquellos en los que existe una mayor oferta de ciertos sectores, es necesario navegar e investigar entre las múltiples opciones.

Los **portales de empleo** más populares son:

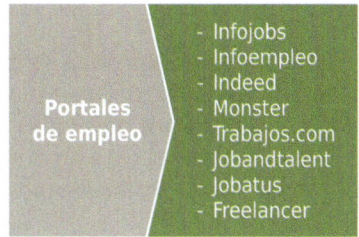

 ## ACTIVIDAD COMPLEMENTARIA

4. Crea un perfil profesional en un portal de empleo, con el objetivo de localizar ofertas de tu área de interés. Puede ser Infojobs u otro portal de los mencionados en esta unidad.

Una vez que confecciones el perfil, localiza ofertas de tu área de interés y en tu ámbito geográfico. También puedes localizar ofertas en teletrabajo o en sistema híbrido.

Explora las opciones del portal de empleo y reflexiona sobre las funciones clave, destacando las que consideres de mayor utilidad.

Redes sociales de empleo

Existen muchas redes sociales de empleo, pero la más utilizada en España es LinkedIn.

LinkedIn es la red social de empleo líder: se utiliza para buscar y ofrecer empleo, establecer conexiones profesionales, promocionar la marca personal, ofrecer servicios y vender productos. Es una red muy completa en la que los profesionales pueden diseñar su currículum y exponer sus experiencias, competencias y habilidades a modo de portafolios. Así mismo, pueden adjuntar su currículum para enviarlo a las ofertas de empleo junto con su perfil.

En LinkedIn es posible crear y participar en grupos y contenidos, crear y seguir *hashtags,* compartir elementos multimedia, publicar contenido propio y muchas más opciones, que se amplían constantemente.

Una de las secciones que ofrece es **Empleos,** desde la que se puede seleccionar el sector profesional, el área geográfica, la fecha de publicación del empleo y otras variables.

Las empresas publican ofertas de empleo a las que es posible postular con un sencillo clic. Se puede visitar el perfil de la empresa y localizar la sección **Empleos.** En la oferta se explican los detalles y aparece la opción **Solicitar.** Desde esta opción se hace llegar el CV y en el menú de la oferta se puede ver cuántas personas se han inscrito, si la empresa ha visto el perfil y si se ha descargado el currículum.

Los reclutadores también anuncian ofertas a través de publicaciones, indicando la forma de contacto para recibir currículums.

 **NOTA**

La clave de LinkedIn consiste en seguir a las empresas de interés, seguir a su personal de recursos humanos y reclutadores, para estar al día de las ofertas de empleo.

Por otra parte, los usuarios de la red difunden ofertas, compartiendo publicaciones de empresas y de otras personas, por lo que una de las claves es seguir, y hacer contacto, con profesionales del sector de interés.

Así mismo, en la sección **Mi red** aparecen las ofertas de empleo que están publicando los contactos.

Las funciones de LinkedIn se enriquecen constantemente, siempre enfocadas a la mejora de la empleabilidad y la ampliación de la red de contactos.

 **PARA SABER MÁS**

LinkedIn permite abrir un perfil de forma gratuita, aunque ofrece funciones *premium* con una suscripción de pago. Puedes conocer todas las opciones, accediendo desde aquí:

Continúa en página siguiente >>

<< Viene de página anterior

https://redirectoronline.com/ctro00020309

Algunas **recomendaciones** para usar **LinkedIn** son:

Mantener el perfil actualizado.

Gestionar los conocimientos y las aptitudes en el perfil.

Publicar opiniones con regularidad.

Publicar comentarios en las publicaciones de los profesionales de tu sector.

Contestar rápidamente a los mensajes.

Seguir los *hashtags* relacionados con el empleo y con las áreas de interés.

Crear alertas de empleo de las empresas de interés.

Seguir a los reclutadores y responsables de recursos humanos de las empresas que te interesen.

Estar pendiente de las notificaciones.

Interactuar con profesionales relacionados con tu área profesional.

Continúa en página siguiente >>

<< Viene de página anterior

> Cuidar la imagen digital.

> Compartir el perfil de LinkedIn en el currículum, otras redes sociales, presentaciones, blogs, etc.

 ## ACTIVIDAD COMPLEMENTARIA

5. Analiza los recursos para la búsqueda de ofertas de empleo que ofrece LinkedIn. Para ello, vas a abrir un perfil en esta red social y vas a explorar las opciones que ofrece la red.

   Una vez que explores las opciones de LinkedIn, elabora una lista de sus funciones.

Networking

El impulso de la trayectoria profesional y la mejora de la empleabilidad van acompañados de una buena red de contactos, por lo que es necesario crear una buena marca personal y realizar actividades de *networking*.

 ## DEFINICIÓN

Networking
Comprende las actividades y técnicas destinadas a establecer relaciones profesionales y personales, hacer contactos para intercambiar ideas, conocimientos y oportunidades de negocio.

El *networking* se emplea también para encontrar empleo, desarrollar una trayectoria profesional y dar a conocer la marca personal. Muchas ofertas laborales no se publican, sino que se llega a ellas a través de las referencias y los contactos no solo personales, sino también lo que se hacen a través de las redes sociales profesionales como LinkedIn.

Las formas más habituales de hacer *networking* consisten en la asistencia a seminarios, encuentros, conferencias relacionadas con el sector profesional, participar en comunidades profesionales *online,* establecer alianzas con colegas de profesión y ampliar constantemente la red de contactos.

Los contactos permiten acceder a información relevante y oportunidades. Interactuar con profesionales del sector posibilita conocer las tendencias de contratación y los consejos para destacar en el ámbito profesional. Además, las referencias y las recomendaciones causan un impacto positivo en la reputación, lo que se traduce en más ofertas y oportunidades. Una buena red de contactos supone también la oportunidad de encontrar mentores, mejorar en la práctica profesional y acceder a nuevos sectores.

IMPORTANTE

Hacer *networking* no es vender un producto, sino promocionar la imagen personal y profesional, establecer alianzas, recibir influencia de otros profesionales y aprender de sus experiencias, aportar conocimientos a las comunidades de profesionales y realizar una mejora continua.

Se puede realizar **networking** a través de las siguientes **acciones:**

- Blogs, espacios web, *podcast, webinars.*
- Eventos como desayunos empresariales, encuentros de las cámaras de comercio, asistencia a celebraciones, congresos, ferias de empleo o del sector profesional.
- Asistir a cursos, tanto *online* como presenciales.
- Participar en foros y comunidades virtuales de profesionales.
- Participar en ferias profesionales y ferias de empleo.
- Mentorizar a jóvenes profesionales.
- Contactar con antiguos compañeros de estudios o de otras empresas.
- Crear grupos virtuales de profesionales.

IMPORTANTE

Una buena estrategia de *networking* no se limita a ampliar la agenda, sino que es necesario cuidar a los contactos, ofrecerles contenidos interesantes, invitarles a eventos y darles reconocimiento.

Autocandidatura

Una búsqueda activa de empleo no puede limitarse a localizar ofertas de empleo. Cuando se tienen claras las metas y las empresas de interés, es recomendable lanzarse a la autocandidatura.

La autocandidatura consiste en postularse a una empresa, aunque no haya publicado una oferta de empleo ajustada al perfil profesional. El candidato expresa su interés en trabajar en la organización, explicando la ocupación que le gustaría desarrollar, sus capacidades y el motivo por el que aspira a una oportunidad en la empresa.

Para ello, es necesario investigar a la empresa, sobre su cultura organizacional y averiguar cómo contactar con el reclutador o con el equipo de recursos humanos. Se puede llamar a la empresa y solicitar la información del responsable de selección o dirigirse a la página web empresarial y buscar la sección **Trabaja con nosotros,** en la que habrá disponible un formulario con la opción de adjuntar el currículum.

La autocandidatura puede ir acompañada con acciones en redes sociales, como seguir a la empresa, configurar el perfil para recibir notificaciones o seguir a los responsables de recursos humanos.

La autocandidatura es una buena opción cuando se busca una oportunidad laboral en una empresa específica.

Eventos de empleo

Las ferias de empleo son eventos en los que las empresas se dan a conocer y reclutan talentos. Existen ferias de empleo impulsadas por servicios públicos, como forma de impulsar la empleabilidad, y ferias de sectores profesionales en las que se reúnen empresas del sector para debatir el futuro y los cambios que se están produciendo, a la vez que reciben a inversores y ofrecen la posibilidad de que los candidatos se den a conocer.

Las lanzaderas de empleo son programas de orientación para la búsqueda de empleo en grupo. Se trata de iniciativas impulsadas por servicios públicos, entidades de interés social, universidades, etc. diseñadas para ofrecer a los participantes orientación, formación para la adquisición de competencias profesionales, consejos, oportunidades laborales y la oportunidad de realizar acciones de *networking*. Las lanzaderas suelen ofrecer talleres, sesiones de capacitación sobre temas relacionados con la empleabilidad, entrenamiento para las entrevistas y eventos informales en los que los participantes tienen la oportunidad de hacer nuevos contactos.

Participar en eventos de empleo supone una oportunidad para conocer empresas, entregar currículums y hacer nuevos contactos.

Formación

Sin duda, la formación y la capacitación siempre son recursos que mejoran positivamente la empleabilidad. Una opción que no debe descartarse en la búsqueda de empleo es participar en cursos de formación con compromiso de contratación.

Los **cursos con compromiso de contratación** son programas de formación en los que los participantes reciben una capacitación. Al finalizar el curso con éxito, tienen la oportunidad de ser contratados por una empresa asociada. Al publicarse la convocatoria de cursos, suele anunciarse el porcentaje de compromiso de contratación.

Estos cursos están diseñados para ofrecer a los participantes una vía directa hacia el empleo, al combinar la formación con la posibilidad de obtener un trabajo. Por otra parte, permite a las empresas acceder a candidatos cualificados en las áreas específicas que responden a sus necesidades.

Estos tipos de cursos suelen tener un proceso de selección para garantizar que los candidatos cumplen unos mínimos requeridos por la empresa para que puedan beneficiarse de la formación y, posteriormente, aplicar los conocimientos en el trabajo. La mayoría de estos cursos incluyen prácticas profesionales, lo cual enriquece enormemente la formación. En el caso de no ser contratado, porque se ha alcanzado el porcentaje de contratación, el candidato siempre habrá obtenido una certificación o diploma acreditativo con la especialidad y el número de horas.

Por otra parte, existe una amplia oferta de **Formación Profesional para el Empleo,** que son formaciones destinadas al desarrollo de competencias profesionales que mejoran la empleabilidad. Pueden estar bonificadas por la Fundación Estatal para la Formación en el Empleo (FUNDAE) o subvencionadas por organismos públicos como el SEPE.

 **PARA SABER MÁS**

FUNDAE ofrece un amplio catálogo de formaciones bonificadas diferenciadas por sectores y para los colectivos: personas trabajadoras, en ERTE, desempleadas, autónomos, socios de cooperativas y empleados públicos.

Puedes consultar toda la oferta en su buscador interactivo accediendo desde aquí:

https://redirectoronline.com/ctro00020310

Empleo público

El empleo público es el sector que ofrece mayor estabilidad y beneficios salariales, por lo que no se debe descartar la posibilidad de prepararse unas oposiciones como forma de encontrar empleo de calidad.

Prepararse unas oposiciones requiere un gran esfuerzo, dedicación y tiempo; sin embargo, es una opción a valorar, pues existe una gran variedad de posibilidades y se puede encontrar una oportunidad que encaje con los estudios, los conocimientos o la experiencia laboral.

La información sobre las oposiciones se encuentra publicada en los correspondientes diarios o boletines:

- ⊃ BOP (Boletín Oficial de la Provincia)
- ⊃ DO (Diario Oficial de la Comunidad Autónoma)
- ⊃ BOE (Boletín Oficial del Estado)

 PARA SABER MÁS

Puedes obtener información sobre convocatorias de empleo público, se puede entrar en el Punto de Acceso General, de la Dirección General de Gobernanza Pública, que dispone de un buscador virtual. Además, ofrece el mismo servicio a través de una aplicación para dispositivos móviles. Accede desde aquí para consultarlo:

https://redirectoronline.com/ctro00020311

Autoempleo

El trabajo autónomo es una opción que valorar para aquellas profesiones que pueden ejercerse de forma independiente o para quienes estén dispuestos a emprender un negocio.

El autoempleo ofrece una alternativa interesante para aquellas personas que desean ser sus propios jefes y tener control sobre su carrera profesional.

El trabajo autónomo, por tanto, presenta dos opciones:

Profesional autónomo: persona física que realiza de forma habitual, personal, directa, por cuenta propia y fuera del ámbito de dirección y organización de otra persona, una actividad económica o profesional a título lucrativo, con o sin personal empleado por cuenta ajena a su cargo. Es la opción que toman los pequeños comercios y profesionales que trabajan por su cuenta.

Creación de una pyme: pequeña y mediana empresa.

 PARA SABER MÁS

Para lanzarse al trabajo autónomo hay que familiarizarse con una serie de gestiones. Para ello, están disponibles los siguientes recursos institucionales a los que puedes acceder desde aquí:

Subdirección General del Trabajo Autónomo, de la Economía Social y de la Responsabilidad Social de las Empresas. *Portal del Trabajo Autónomo.*

https://redirectoronline.com/ctro00020312

Continúa en página siguiente >>

<< Viene de página anterior

Dirección General de la Industria y de la PYME. *Red PAE Punto de Atención al Emprendedor.*

https://redirectoronline.com/ctro00020313

Ministerio de Industria, Comercio y Turismo. *Plataforma PYME.*

https://redirectoronline.com/ctro00020314

- -

 TAREA 4

Has trabajado en la misma empresa durante 10 años y, tras una restructuración, te ves en desempleo desde hace un mes. El último empleo los encontraste a través de una oferta en el servicio de empleo de tu comunidad autónoma, así que ya has revisado los servicios públicos de empleo, te has inscrito en una agencia de colocación en tu municipio y has enviado tu currículum a una ETT, pero necesitas nuevas técnicas para la búsqueda de empleo. ¿Qué estrategia seguirías?

- -

3. Identificación de herramientas para la búsqueda de empleo

☞ HILO CONDUCTOR

Alberto ya conoce las diversas estrategias para su búsqueda de empleo. Va a combinar aquellas que estén a su alcance, haciendo especial énfasis en la utilización de los portales de empleo, las redes sociales y las actividades de *networking*.

Para ello, debe diseñar varios currículums, acompañarlos de cartas de presentación, y crear una marca personal, basada en una buena reputación digital. De esta forma, podrá conseguir entrevistas de empleo y, para superarlas, debe conocer en qué consistirán las reuniones y entrenar sus habilidades para conseguir finalmente que lo contraten.

La búsqueda de empleo es todo un reto, es un proceso que requiere estrategia y preparación. Identificar y utilizar las herramientas adecuadas es imprescindible para optar a las mejores ofertas laborales y destacarse en un mercado laboral dinámico y competitivo, caracterizado por una alta exigencia.

Resulta fundamental cuidar la presentación a las empresas, a través del diseño esmerado de varios currículums que se ajusten a las ofertas de empleo, con el objetivo de conseguir las entrevistas que abrirán las puertas al empleo deseado.

3.1. Currículum vítae

La forma en la que un candidato se da a conocer, formalmente, es el currículum vítae (CV), documento que resume la experiencia laboral, la formación académica, las competencias y los logros. Es la herramienta fundamental en el proceso de búsqueda de empleo, proporciona a reclutadores y empleadores una visión general del candidato para valorar su idoneidad al puesto.

El CV debe mostrar la información relevante del candidato. De forma general, el CV debe incluir las siguientes **secciones:**

➲ **Datos personales.** Nombre y apellidos, junto con el *e-mail* y el teléfono, son los datos imprescindibles.

No es necesario incluir datos como el DNI, la edad, el estado civil y otros datos protegidos que no aportan información relevante para valorar la idoneidad al puesto.

○ **Perfil profesional.** Breve párrafo, que se suele incluir en el encabezado, en el que expondrá un resumen de las habilidades clave, la formación y los logros destacados.

○ **Experiencia laboral.** Información sobre la experiencia laboral, que puede plasmarse de diversas formas, según el modelo de CV y el objetivo del candidato.

○ **Formación académica.** Se cita la formación formal, incluyendo la institución académica, el título obtenido y el año de obtención.

○ **Habilidades y competencias.** Se comentan las principales competencias y habilidades, destacando aquellas relacionadas con el puesto, como los conocimientos informáticos o los idiomas.

○ **Otros.** Se puede incluir una sección final con otra información relevante que esté relacionada con el puesto, como formaciones no formales, reconocimientos, premios, publicaciones, etc.

3.2. Adaptación del currículum vítae según la oferta de trabajo

Resulta esencial personalizar cada candidatura a la ocupación a la que se aspira, teniendo en cuenta los detalles de la oferta de empleo y las características de la empresa.

Personalizar y adaptar el CV mejora las posibilidades de ser seleccionado para la entrevista y demuestra el interés, la seriedad y el respeto hacia la empresa a la que se presenta la candidatura. Cada puesto presenta unos requerimientos específicos, por lo que adaptar el CV mejora las posibilidades, al resaltar las experiencias y habilidades que coinciden con lo que la empresa está buscando.

Además, muchas empresas aplican un filtro a los currículums antes de que lleguen al reclutador. Estos sistemas buscan palabras claves relacionadas con el puesto d trabajo, por lo que es imprescindible adaptar el CV a la oferta para aumentar las posibilidades de pasar este filtro.

Es recomendable resaltar la experiencia y las competencias relacionadas con el puesto, aprovechando estas secciones para introducir las palabras clave que ayuden a pasar los filtros iniciales.

Es imprescindible adaptar cada currículum a la oferta de trabajo, personalizándolo según el anuncio de empleo y la empresa.

Es necesario emplear diferentes modelos de CV según el sector profesional, el formato de presentación, los requerimientos del puesto y la información que se pretende destacar, para conseguir pasar los filtros y conseguir una entrevista.

Según el **enfoque,** se distinguen dos **tipos de CV:**

- **CV objetivo.** El currículum por objetivos es un modelo que se enfoca en los objetivos y metas específicas. Resalta lo que el candidato espera lograr en su trayectoria profesional, se presentan los logros obtenidos y se hace un menor énfasis en las habilidades clave.
  Este modelo se personaliza según las metas y se adapta a cada puesto, destacando cómo la experiencia acumulada va a apoyar al candidato a conseguir sus objetivos futuros.
- **CV por competencias.** El modelo de CV por competencias tiene por objetivo destacar las habilidades y competencias clave del candidato.
  No se enfoca tanto en las experiencias laborales anteriores, sino en las competencias que el candidato puede transferir al puesto al que se postula.

Atendiendo a la **información** que el candidato quiere destacar, se identifican los siguientes **modelos de CV:**

- **CV cronológico.** Es el formato más extendido. En él se hace especial énfasis en la experiencia laboral y se presentan las distintas experiencias en orden cronológico.
  El CV cronológico puede diseñarse de dos formas:

◑ CV cronológico natural:

  ⇕ Las experiencias laborales se presentan siguiendo el orden natural de las fechas, ubicando en primer lugar la experiencia más antigua y en último lugar la más reciente.
  ⇕ Este modelo permite a los reclutadores conocer la progresión de la trayectoria profesional.
  ⇕ Es el modelo más adecuado para quienes presentan poca experiencia laboral y presentan una corta trayectoria profesional.

◑ CV cronológico inverso:

  ⇕ Las experiencias laborales se presentan siguiendo el orden natural de las fechas, ubicando el primer lugar la experiencia más reciente y en último lugar la más antigua.
  ⇕ En general, se ubica en primer lugar la experiencia más relevante, para destacar los logros y éxitos.
  ⇕ Este modelo es el más adecuado para quienes presentan una larga trayectoria profesional y pretenden destacar sus méritos laborales.

➲ **CV funcional.** En este modelo no se presentan las experiencias laborales de forma cronológica, sino que se destacan las experiencias relevantes para el puesto y las más prestigiosas.
Es el modelo recomendable para quien presenta una larga trayectoria profesional, para quienes han tenido experiencias laborales diversas, y eliminan aquellas que no están relacionadas o para aquellos candidatos que han realizado un cambio profesional y ocultan las experiencias que no tienen relación con el puesto al que aspiran.

➲ **CV académico.** En este modelo se pone especial énfasis en la formación académica, las investigaciones y las publicaciones que ha realizado el candidato.
Este modelo es el más adecuado para quienes se postulan a empleos en el ámbito académico o investigativo.

➲ **CV creativo.** Las personas que se dedican a ocupaciones relacionadas con la creatividad o el campo artístico pueden optar por un modelo de CV más creativo e innovador, en el que se incluyan elementos visuales y multimedia, así como ejemplos de los trabajos realizados.
En este modelo el objetivo es demostrar las destrezas creativas y mostrar los trabajos que se han realizado.

Ya no se suele presentar el CV en papel; de hecho, por protección de datos, las empresas ya no aceptan CV a papel entregado en mano, a no ser que lo pidan en la entrevista tras pasar la primera fase de la selección. Tampoco lo aceptan en mano las agencias de colocación ni las ETT. De forma que el CV siempre va a ser digital, siguiendo alguno de los siguientes **formatos:**

➲ **CV en formato texto.** Es el formato tradicional de CV. Actualmente, el CV en formato texto debe ser digital, y el formato recomendado es el PDF, para garantizar que no se producen modificaciones en el documento, además de ser un formato estándar que se lee en todos los dispositivos y no sufre cambios al ser imprimido.

El hecho de que se presente en formato texto no quiere decir que no sea un formato visual, en el que se presenten las secciones de forma separada y con la información fácilmente localizable a la vista del reclutador. Existen muchas aplicaciones para diseñar el currículum con ayuda de la inteligencia artificial. Algunas de las más populares son las siguientes:

◑ *ResumeAI:* ofrece la posibilidad de subir un el currículum en un documento. La aplicación analizará y, posteriormente, formateará y mejorará la estructura, para facilitar que supere el proceso de selección inicial.
◑ *Novoresume:* creador de currículums *online* que ofrece otros recursos como plantillas de currículum y la creación de cartas de presentación.

➲ **CV interactivo.** Se trata de un formato de CV basado en el texto, pero que incluye enlaces en los que ampliar información. Desde el CV se puede enlazar a un portafolio, a un CV ampliado, a un vídeo de presentación, etc.

El CV interactivo presenta los datos de forma resumida, para que se puedan visualizar fácilmente, pero ofreciendo la posibilidad de ampliar la información.

Existe una amplia variedad de aplicaciones que permiten diseñar un CV basado en texto de forma visual y permitiendo la interactividad.

Algunas de las aplicaciones más populares son las siguientes:

◑ *Canva:* ofrece multitud de herramientas para el diseño elementos multimedia y presentaciones, incluyendo plantillas para CV.
◑ *Genially:* aplicación para el diseño de vídeos y presentaciones, que ofrece plantillas para realizar un CV interactivo de forma rápida, fácil y con un resultado profesional.

➲ **CV virtual.** El uso de las nuevas tecnologías ha impulsado el uso de nuevos modelos y formatos de CV.

Las redes sociales de empleo, como LinkedIn, permiten que los candidatos cumplimenten sus datos en una ficha virtual y lo expongan públicamente. Este modelo *online* de CV puede ser compartido a través de un *link* o puede ser descargado en un formato que se puede enviar, como PDF.

Así mismo, existen otras plataformas en las que el candidato puede alojar su CV y compartirlo con un *link,* permitiendo crear un portafolio con elementos multimedia, hipervínculos, imágenes, etc.

➲ **Vídeo currículum.** El candidato puede elaborar su CV en formato vídeo, con una narrativa audiovisual en la que explique su trayectoria profesional.

Puede tratarse de un vídeo en el que el candidato se grabe y hable en primera persona o realizar un pase de diapositivas animadas a modo de presentación.

Puede alojar el vídeo en un espacio privado, como *Google Drive,* y compartir el enlace, o subirlo a una plataforma de vídeos como *YouTube.*

No se recomienda enviar el vídeo por *e-mail,* debido a que suele pesar demasiado y el esfuerzo que requiere su descarga.

Se puede realizar el vídeo currículum empleando editores de vídeo tradicionales o usando aplicaciones *online.* Algunas de las más populares son las siguientes:

- ◑ *Renderforest:* plataforma que ofrece diversidad de recursos, entre los que se encuentran la creación de vídeo currículums, ofreciendo plantillas para ello.
- ◑ *Wideo:* aplicación basada en el uso de plantillas de vídeo, entre las que se incluyen plantillas de vídeo currículum. No requiere conocimientos técnicos, pues el sistema que utiliza es el de *drag-and-drop,* es decir, permite arrastrar lo elementos a la plantilla y la aplicación genera el vídeo.

Existe un modelo específico para trabajar en la Comunidad Europea: el **CV Europeo (Europass).**

En el portal web de Europass se puede cumplimentar un formulario estandarizado, que dará como resultado un perfil profesional y la posibilidad de convertir este perfil en un CV basado en un modelo aceptado en toda Europa.

 PARA SABER MÁS

Puedes crear tu perfil profesional y el CV Europass creando un usuario e iniciando sesión el portal web específico de la Unión Europea. Para ello accede desde aquí:

Continúa en página siguiente >>

<< Viene de página anterior

https://redirectoronline.com/ctro00020315

Los candidatos pueden compartir un *link* al perfil o descargar el CV en formato PDF para enviarlo a las empresas.

Aunque es un modelo para toda Europa, se puede utilizar a nivel nacional por su formalidad en la estructura. Así mismo, en algunos procesos selectivos se exige este modelo de CV.

El currículum en formato Europass abre las puertas al trabajo en Europa. Fuente: https://europass.europa.eu/es/create-europass-cv.

3.3. Currículum profesional por competencias

El proceso de selección basado en el análisis de competencias consta de las siguientes **fases:**

> Se define el trabajo que realizar, indicando los objetivos, herramientas, tareas y condiciones.

Continúa en página siguiente >>

<< Viene de página anterior

> Se determina qué competencias son necesarias para realizar el trabajo.

> Se evalúan las competencias de los candidatos al empleo.

> Se selecciona al candidato cuyas competencias se ajustan al trabajo, que serán confirmadas posteriormente a través de la evaluación del desempeño.

El **CV por competencias** hace especial énfasis en las habilidades personales y conocimientos técnicos basados en la experiencia y las responsabilidades profesionales. En este modelo, las habilidades destacan sobre la cronología de los empleos.

El CV por competencias tiene como objetivo poner de manifiesto, de la forma más clara posible, las habilidades y aptitudes del candidato, permitiendo al reclutador localizar lo que sabe hacer y lo que puede aportar a la empresa.

Este modelo de CV es el más adecuado para aquellas personas que no presentan demasiada experiencia, o que han tenido empleos fluctuantes, ya que pueden demostrar las tareas que son capaces de cumplir a partir de sus capacidades.

Así mismo, es el modelo indicado para responder a ofertas de empleo que ofrecen mucha información y detalles sobre las cualidades personales y profesionales que buscan en los candidatos.

También es el modelo más adecuado para empresas modernas que se dedican a actividades relacionadas con la tecnología, la creatividad y la innovación, en la que o valoran tanto la formación académica como las habilidades específicas que esperan del candidato para que sea un profesional efectivo en la organización.

La **finalidad del CV por competencias** es que se pueda dar prioridad a las competencias profesionales antes que a la experiencia, de forma que el candidato pueda ser valorado por lo que puede hacer, y no por lo que ha hecho.

NOTA

Este modelo de CV se utiliza a modo de portafolios sobre las aptitudes, actitudes y herramientas profesionales de un candidato que aún no ha tenido grandes oportunidades laborales.

El modelo de CV por competencias debe plasmar las siguientes **habilidades:**

Hard skills	Competencias vinculadas a la ocupación específica, relacionadas con determinadas tareas o sectores de la organización.
Soft skills	Habilidades relacionadas con la personalidad del candidato.
Habilidades transferibles	Habilidades que se pueden transferir de un entorno laboral a otro, como la capacidad de negociación, organización, etc. Son habilidades aplicables a todo tipo de entornos laborales y que no se asocian a un tipo de empresa en particular.

IMPORTANTE

Un balance equilibrado entre estos tres tipos de habilidades hará que el candidato destaque por su valía.

EJEMPLO

Alberto está desarrollando diversos modelos de CV para presentarse a futuros procesos selectivos. Se postula a la empresa Innovatech, que ofrece un puesto de diseñador web.

Continúa en página siguiente >>

<< Viene de página anterior

En la sección de la experiencia laboral no solo especifica la empresa y el periodo que ha trabajado, explica las habilidades que ha aplicado en su labor.

El CV por competencias de Alberto es el siguiente:

Alberto Sánchez. Madrid- 955 555 555. albertosanchez@gmail.com

Perfil profesional:

- *Técnico superior en Desarrollo de aplicaciones web*
- *Formación especializada en confección de páginas web y herramientas digitales*
- *Amplia experiencia en diseño gráfico*

Formación académica:

- *Técnico superior en Desarrollo de aplicaciones web, 2018*
- *Certificado profesional en Confección y publicación de páginas web, 2020*
- *Curso de Diseño gráfico vectorial con Adobe Illustrator, 2021*

Experiencia laboral:

Diseñador Web - ABCD Solutions, Madrid (2023)

- *Desarrollo de diseños web responsivos y atractivos utilizando HTML, CSS y JavaScript*
- *Colaboración con el equipo de desarrollo para implementar soluciones creativas y funcionales*
- *Optimización de la experiencia del usuario (UX) y la interfaz de usuario (UI) para mejorar la usabilidad y la satisfacción del cliente*
- *Gestión de múltiples proyectos simultáneamente, cumpliendo con los plazos establecidos y superando las expectativas del cliente*
- *Diseñador Web Junior - XYZ Company, Barcelona (2022)*
- *Participación en el diseño y desarrollo de sitios web utilizando WordPress y herramientas de diseño gráfico como Adobe Photoshop e Illustrator*
- *Realización de pruebas de compatibilidad y rendimiento para garantizar la calidad del sitio web*
- *Apoyo en la creación y mantenimiento de la identidad visual de la empresa, incluyendo logotipos y materiales de marketing*
- *Colaboración con el equipo de marketing para implementar estrategias digitales efectivas*

Continúa en página siguiente >>

<< Viene de página anterior

Hard skills:

- *Diseño gráfico*
- *Diseño web*
- *HTML, CSS, JavaScript*
- *WordPress*
- *Adobe Photoshop*
- *Adobe Illustrator*

Soft skills:

- *Capacidad para trabajar en equipo y colaborar con otros departamentos*
- *Creatividad y capacidad para generar soluciones innovadoras*
- *Organización y gestión eficiente del tiempo*
- *Orientación al detalle y al cumplimiento de los estándares de calidad*
- *Inglés (C1)*

APLICACIÓN PRÁCTICA

Une cada tipo de CV con sus características más importantes.

A	Cronológico	1	Se enfoca en la formación académica, las investigaciones y las publicaciones.
B	Funcional	2	La experiencia laboral destaca los logros y no sigue un orden determinado por las fechas.
C	Académico	3	Se enfoca en ser innovador e incluye elementos multimedia.
D	Creativo	4	La experiencia laboral se presenta organizada por fechas.

Continúa en página siguiente >>

<< Viene de página anterior

Solución

A	Cronológico	4	La experiencia laboral se presenta organizada por fechas.
B	Funcional	2	La experiencia laboral destaca los logros y no sigue un orden determinado por las fechas.
C	Académico	1	Se enfoca en la formación académica, las investigaciones y las publicaciones.
D	Creativo	3	Se enfoca en ser innovador e incluye elementos multimedia.

Resulta esencial personalizar cada candidatura a la ocupación a la que se aspira, teniendo en cuenta los detalles de la oferta de empleo y las características de la empresa.

Personalizar y adaptar el CV mejora las posibilidades de ser seleccionado para la entrevista y demuestra el interés, la seriedad y el respeto hacia la empresa a la que se presenta la candidatura.

Carta de presentación

El CV debe ir acompañado de un documento personalizado a modo de introducción del candidato: la **carta de presentación.** La finalidad de este documento es captar la atención del reclutador, destacando las habilidades, la experiencia y la motivación a postularse, procurando ser breve y aprovechando la carta para despertar el interés del destinatario.

Esta carta se personaliza según la oferta de trabajo y la empresa. Debe estar redactada de una forma impecable y con un estilo formal, y su contenido debe ser preciso.

La carta de presentación se construye siguiendo la siguiente **estructura:**

➲ **Encabezado.** En este apartado se incluye la información de contacto: nombre y apellidos, *e-mail,* número de teléfono.

- **Saludo.** Saludo a la persona destinataria de la carta.
  Es necesario dirigirse al empleador o reclutador de un modo formal.
- **Introducción.** Inicio de la carta en sí misma, en la que se mencionan los datos de la oferta de empleo. Se puede indicar el medio por el que se ha conocido la existencia de la vacante.
- **Presentación.** El candidato se presenta brevemente, haciendo referencia a la experiencia y las habilidades clave que son referentes para el puesto.
  En este apartado se mencionan los logros destacados y cómo pueden contribuir a la empresa.
  Se explica también la motivación por postularse a la oferta y/o el interés por trabajar en la empresa.
- **Cierre y despedida.** Se concluye la carta agradeciendo al reclutador que dedique su tiempo a valorar el CV.
  Se menciona la disponibilidad para una entrevista, con el objetivo de comentar las formaciones y experiencias.
  Finalmente, el candidato se despide, siempre de manera muy formal.

 EJEMPLO

Alberto va a mandar su CV por competencias, vía *e-mail*, a la empresa InnovaTech. Para ello, crea una carta de presentación que acompañará al CV.

Alberto Sánchez, Madrid

955 555 555

albertosanchez@gmail.com

Estimado señor González:

Me dirijo a usted con el fin de presentar mi candidatura para el puesto de diseñador web en InnovaTech, tal como se anunció en LinkedIn. Me entusiasma la oportunidad de formar parte de su equipo y contribuir con mis habilidades y experiencia en el diseño web.

Me llamo Alberto Sánchez y soy un diseñador web con una sólida formación académica y experiencia laboral en el desarrollo de aplicaciones web y diseño gráfico. Cuento con un técnico superior en Desarrollo de Aplicaciones Web, obtenido en el año 2018, así como un certificado profesional en Confección y Publicación de Páginas Web, obtenido en el año 2020. Además, recientemente he completado un curso de Diseño Gráfico Vectorial con Adobe Illustrator en el año 2021.

Continúa en página siguiente >>

<< Viene de página anterior

Durante mi experiencia laboral como diseñador web en ABCD Solutions, tuve la oportunidad de desarrollar diseños web responsivos y atractivos utilizando HTML, CSS y JavaScript. Trabajé en estrecha colaboración con el equipo de desarrollo para implementar soluciones creativas y funcionales, optimizando la experiencia del usuario (UX) y la interfaz de usuario (UI). Además, gestioné múltiples proyectos simultáneamente, cumpliendo con los plazos establecidos y superando las expectativas del cliente.

Mi pasión por el diseño web y mi habilidad para combinar la estética visual con la funcionalidad me han permitido crear experiencias digitales atractivas y efectivas. Estoy motivado por la oportunidad de aplicar mis conocimientos y habilidades en InnovaTech, una empresa reconocida por su innovación y excelencia en el campo del diseño web.

Agradezco sinceramente su tiempo y consideración al revisar mi solicitud. Estoy disponible para una entrevista en la que podamos discutir en detalle cómo mi formación y experiencia pueden contribuir al éxito de InnovaTech. Quedo a su disposición para cualquier información adicional que pueda necesitar.

Atentamente,

Alberto Sánchez

3.4. Entrevista de trabajo

Una vez que se han superado todos los filtros, llega el momento de que el reclutador conozca al candidato a través de la entrevista.

El candidato debe prepararse para sacar a relucir sus mejores dotes personales y superar esta etapa con éxito. Para ello, debe conocer los tipos de entrevista que se realizan generalmente y entrenarse para el tipo de entrevistas que puedan surgirle, preparándose, así mismo, para las preguntas más frecuentes en los procesos de selección.

Según la **estructura,** se identifican los siguientes tipos de entrevistas de trabajo:

- **Estructurada.** El entrevistador realiza las preguntas siguiendo un guion predefinido. Las cuestiones planteadas son objetivas, con la finalidad de evaluar habilidades específicas, la experiencia y los conocimientos técnicos.
- **No estructurada.** Este modelo de entrevista es flexible y se basa en preguntas abiertas que dan paso a la conversación con el candidato. Se enfoca a la exploración de la personalidad del candidato y sus habilidades.

○ **Mixta.** Combina los dos modelos anteriores, siguiendo el entrevistador un guion, pero dejando espacio a respuestas abiertas en tono de conversación. Permite la evaluación del candidato, a la vez que fomenta una comunicación más fluida y espontánea.

La entrevista de trabajo no siempre se realiza con un solo entrevistador, sino que se aplican diversas fórmulas para responder a las diversas necesidades del proceso selectivo.

Atendiendo al **número de participantes,** se identifican los siguientes tipos de entrevista:

○ **Individual.** El candidato se reúne solo con el entrevistador, lo cual permite una interacción directa y personalizada.
○ **Grupal.** El reclutador se reúne con varios candidatos al mismo puesto, o se realiza una entrevista grupal porque existen varias vacantes que cubrir. Se puede clasificar la entrevista grupal en las siguientes categorías:

  ◉ **Uno a varios:** un entrevistador, o un panel de entrevistadores, se reúne con un grupo de candidatos al mismo tiempo. Los candidatos son evaluados teniendo en cuenta la forma en la que se comunican y colaboran en grupo.
  ◉ **Varios a uno:** en la reunión hay varios entrevistadores que evalúan a un solo candidato. Cada entrevistador pertenece a un área y realiza las preguntas desde su foco de interés.
  ◉ **Varios a varios:** varios entrevistadores se reúnen con un grupo de candidatos a la vez. Los candidatos son evaluados en función de la forma en la que se comunican entre ellos y colaboran juntos para resolver problemas o situaciones simuladas.

La entrevista de trabajo tradicional se desarrolla en una sola reunión, pero no siempre es así, pues en ocasiones la empresa requiere hacer diversas pruebas a los candidatos. Según **el número de reuniones,** se clasifican las entrevistas en los siguientes **tipos:**

○ **Única.** El proceso de selección se basa en una única entrevista.
  Es el formato habitual en las etapas iniciales del proceso de contratación. También es el formato aplicado por empresas pequeñas y puestos de baja cualificación.
○ **En panel.** La entrevista la realiza un panel de entrevistadores, que son diversos representantes de la empresa. Además del personal de recursos humanos, pueden participar, o estar presentes, otros miembros de la organización, como gerentes, coordinadores u otros trabajadores del mismo nivel jerárquico del puesto que se oferta.

- **Encadenadas.** El proceso de selección está formado por múltiples entrevistas que se realizan secuencialmente. Cada entrevista está diseñada para evaluar distintos aspectos del perfil del candidato y puede que participen diversos miembros de la empresa, según las habilidades a evaluar.

Es necesario conocer los distintos formatos de entrevista de trabajo para prepararse y superarlas con éxito.

La entrevista de trabajo es una evaluación, una prueba que hay que superar para acceder al puesto, de forma que las entrevistas se ajustan a los objetivos de dicha prueba.

Atendiendo al **objetivo de evaluación,** se identifican los siguientes **tipos de entrevista:**

- **De competencias.** Se enfoca a evaluar las habilidades y competencias requeridas para el puesto de trabajo.
  El entrevistador realiza preguntas situacionales o basadas en las experiencias pasadas del candidato, para evaluar cómo ha aplicado sus habilidades en situaciones concretas.
- **De tensión.** El entrevistador propone al candidato situaciones desafiantes o conflictivas para evaluar su capacidad de manejar el estrés, resolver conflictos y ver sus respuestas en situaciones difíciles.
  Puede realizar preguntas incómodas o provocativas para evaluar la resistencia emocional y las estrategias que aplicaría en la resolución de conflictos.
- **De creatividad.** Las preguntas tienen el objetivo de evaluar la capacidad de pensamiento creativo y las habilidades para la resolución de problemas.
  El entrevistador puede presentar desafíos o conflictos para ver cómo el candidato busca soluciones creativas e innovadoras.

El uso de las nuevas tecnologías es habitual y frecuente en los procesos selectivos, especialmente cuando se trata de cribar a un alto número de candidatos o cuando la empresa está captando talento en diversos puntos geográficos.

La entrevista de trabajo puede ser presencial o usando las nuevas tecnologías, por lo que se identifican los siguientes **tipos** de entrevista:

Presencial	El entrevistador y el candidato se encuentran en el mismo espacio físico, que generalmente es un espacio de la empresa.
Telefónica	La entrevista se realiza telefónicamente y, generalmente, se realiza en una primera etapa de la selección, para ver la disponibilidad del candidato y concertar otra entrevista posterior, que será presencial o por videollamada.
Videollamada	Esta modalidad de entrevista se realiza a través de plataformas de videollamadas como *Zoom*, *Skype* o *Microsoft Teams*. Es una alternativa cada vez más común, sobre todo cuando el candidato y el entrevistador no pueden reunirse físicamente.

La entrevista de trabajo a través de videollamada es muy habitual, pues supera las barreras geográficas y permite al reclutador entrevistar a muchas personas en poco tiempo.

3.5. Estrategias para superar la entrevista de trabajo

Una vez que se ha pasado la primera parte del proceso selectivo, por fin llega la entrevista de trabajo, etapa crucial en el acceso al empleo. Es la oportunidad de demostrar al reclutador que se tiene la experiencia y las habilidades requeridas para el puesto. Es, además, el momento para que el candidato dé a conocer su personalidad, su actitud y su alineación con los valores y la cultura de le empresa.

El reclutador va a examinar a fondo al candidato, por lo que hay que prepararse para ese momento, entrenando para superar ese importante momento por el que tanto se ha trabajado.

Algunas **recomendaciones** para superar la entrevista de trabajo son las siguientes:

- ⮑ **Investigar a la empresa.** Es recomendable que el candidato conozca la empresa de la mejor forma posible: su misión, sus actividades, su historia, su impacto en el entorno, los logros, los premios, etc.
  Para ello, se puede visitar el portal web de la empresa, el perfil de las redes sociales, buscar noticias y las opiniones de sus trabajadores.
  Además, es recomendable conocer quiénes son los dueños, los directivos, el CEO.
  Por otra parte, conocer la cultura y los valores de la organización ayudará al candidato a conocer si se alinean con sus valores y demostrarlo en la entrevista.
- ⮑ **Recomendaciones durante la entrevista.** No mentir sobre los méritos profesionales y académicos.
  Cuidar la comunicación verbal y no verbal: usar un lenguaje formal pero cercano, un tono adecuado, una buena postura, dar la mano con seguridad, no mirar el móvil.
  Responder adecuadamente, aprovechando cada oportunidad para mostrar la idoneidad al puesto, y no contestando únicamente con sí o no.
  Hacer referencia a la información que hay en el currículum o portafolios.
  No interrumpir al entrevistador y tomarse el tiempo necesario para contestar.
  Preguntar todo aquello que se necesite saber antes de tomar decisiones.
- ⮑ **Preparar las preguntas clave.** Los reclutadores utilizan estrategias para conocer al candidato y ver cómo puede incorporarse en la empresa y cumplir las funciones que necesita cubrir. Hay una serie de preguntas que se repiten mucho en las entrevistas. Preparárselas supone para el candidato una oportunidad de anticiparse y responder adecuadamente.

Algunas de estas preguntas son:

¿Por qué quieres trabajar en nuestra empresa?

¿Qué puedes aportar a la empresa?

¿Qué conoces de nuestra empresa?

¿Por qué te has presentado a este puesto?

¿Por qué motivo te quieres cambiar de empresa?

¿Qué expectativas tienes de nuestra empresa?

¿Cómo te ves en nuestra empresa en cinco años?

¿Por qué deberíamos contratarte?

¿Conoces los valores y la misión de nuestra empresa? ¿Qué te pareen?

¿Qué carrera profesional te gustaría tener en nuestra empresa?

¿Conoces a alguien que trabaje en nuestra empresa?

¿Cuáles son tus puntos fuertes?

¿Y tus puntos débiles?

Veo lagunas en tu currículum, ¿nos puedes explicar que hiciste durante este tiempo?

¿Por qué elegiste esta profesión?

¿Cómo te defines?

¿Cuál es tu rango salarial?

¿Cuál es la última formación que has realizado de tu área profesional?

¿Por qué terminó tu último empleo?

¿Quiénes son tus referentes profesionales?

¿Cómo reaccionas ante los cambios?

¿Cómo reaccionas ante el estrés?

¿Estás haciendo entrevistas con otras empresas?

¿Cuál es el trabajo que más te ha gustado?

¿Cuándo podrías incorporarte?

➲ **Recomendaciones tras la entrevista.** Tras la reunión, es recomendable no limitarse a tener un papel pasivo esperando la respuesta de la empresa. Algunas recomendaciones son:

◑ Si han solicitado documentación, enviarla lo más rápido posible.
◑ Analizar la entrevista y tomar nota de los aciertos y errores para las siguientes experiencias.
◑ Al pasar un tiempo breve, pero prudencial, escribir un *e-mail* al reclutador recordando el interés y la disponibilidad. Es una buena fórmula para que el reclutador comente el progreso del proceso selectivo, a la vez que se establece un vínculo con la empresa.
◑ Seguir al reclutador en *LinkedIn* ofrece información sobre el proceso selectivo y futuras ofertas en la misma empresa. Seguir es una forma unidireccional de tener información sobre los movimientos del reclutador, pero sin incordiarle con "conectar".
◑ No es recomendable publicar información sobre la entrevista en las redes sociales.

 IMPORTANTE

Existe un conjunto de preguntas que no se pueden plantear en una entrevista de trabajo. Es necesario que los candidatos conozcan que el reclutador nunca debería hacerle preguntas sobre temas personales, porque es ilegal hacerlas sobre los siguientes aspectos:

• Estado civil
• Afiliación sindical
• Intención de crear una familia
• Orientación sexual
• Práctica religiosa
• Situación familiar

La **realización de entrevistas a través de videollamada** se ha convertido en una práctica habitual de las empresas, por la comodidad, la inmediatez y porque supone la posibilidad de captar el talento sin límites geográficos, especialmente en las ocupaciones que permiten el teletrabajo o el trabajo a distancia.

La entrevista en esta modalidad presenta diferencias respecto a la presencial, ya que el reclutador y el candidato no comparte el mismo espacio físico y, frecuentemente, el entrevistado se encuentra en su hogar.

Para realizar una entrevista por videollamada se recomienda seguir las siguientes **recomendaciones:**

- **Aspecto personal.** Es recomendable vestirse y actuar como si la entrevista fuera presencial, y no adoptar una vestimenta demasiado informal o poco seria.
- **Entorno.** En cuanto al entorno, también es recomendable elegir un espacio en el que no haya ruido y en el que no se vean demasiados objetos personales. No da buena imagen que se vea de fondo la cama del dormitorio, la cocina, etc. Una buena opción es poner de fondo una pared blanca, o un espacio despejado en el que se vean objetos que no llamen la atención, como una librería, etc. Muchas aplicaciones de videollamada ofrecen opciones de mejora del fondo, difuminando el espacio detrás del candidato o incluyendo una imagen de fondo. También existe la posibilidad de adquirir un croma que se ubique detrás del candidato y proyectar una imagen a modo de fondo.
  De la misma forma, es importante una iluminación adecuada que proyecte una buena imagen del candidato.
- **Actitud.** La norma que seguir es comportarse como si se estuviera en una entrevista presencial. Ello implica sentarse con una buena postura, mantener el tono de voz adecuado, no atender el teléfono móvil, etc.
  Es recomendable ajustar bien la altura de la cámara y tomar una postura en la que se vea al candidato de frente, y no, por ejemplo, desde abajo, con la cabeza cortada por arriba, un plano demasiado cercano con el rostro ocupando toda la pantalla, etc.

En la entrevista a través de videollamada es fundamental cuidar la imagen, el fondo y la iluminación. No se debe parecer informal ni tener una actitud distinta a una entrevista presencial.

Existen **aplicaciones** basadas en inteligencia artificial, diseñadas con la finalidad de **practicar para las entrevistas de trabajo.**

En estas aplicaciones, se selecciona el puesto para el que se quiere simular la entrevista y la aplicación propondrá al usuario una serie de preguntas relacionadas.

De esta forma, es posible prepararse para la entrevista y practicar, con la finalidad de realizar un entrenamiento y que no las preguntas no cojan al candidato de imprevisto.

Además, la mayoría de estas aplicaciones ofrecen consejos para la realización del currículum y otros recursos, como plantillas y modelos de carta de presentación.

 ## PARA SABER MÁS

Existe una gran cantidad de aplicaciones para practicar entrevistas: la mayoría son de pago, pero generalmente ofrecen un periodo gratuito de prueba o cuentas gratis para docentes, estudiantes, instituciones educativas, etc.

Algunas de las más utilizadas son las siguientes:

- *KiclResume:* permite el entrenamiento y ofrece plantillas de currículums y cartas de presentación. Está basado en *ChatGPT.* Accede desde aquí para conocer esta *app:*

https://redirectoronline.com/ctro00020316

- *Huru:* entrenador de entrevistas con inteligencia artificial, en la que se pueden integrar las ofertas de trabajo de LinkedIn, Indeed, ZipRecruiter, Glassdoor y Monster. Accede desde aquí para conocer esta *app:*

Continúa en página siguiente >>

<< Viene de página anterior

https://redirectoronline.com/ctro00020317

- *WarmUp:* en el caso de practicar entrevistar en inglés, Google ofrece la aplicación gratuita *Interview WarmUp,* de Google, basada en inteligencia artificial, en la que se puede seleccionar entre diversas áreas laborales. Accede desde aquí para conocer esta *app:*

https://redirectoronline.com/ctro00020318

Existe otra posibilidad, que es utilizar una inteligencia artificial no específica para la búsqueda de empleo, y, tras darle las instrucciones adecuadas, es decir, los *prompts,* realizar el simulacro de entrevista.

 ## PARA SABER MÁS

La inteligencia artificial puede actuar como reclutador y entrenar para la entrevista con los *prompts* adecuados. Algunas recomendaciones son las siguientes:

- *Luzia:* es un *chatbot* basado en IA, disponible *online* o como contacto de *WhatsApp.* Puede actuar como el entrevistador en un proceso de selección si se le dan las instrucciones adecuadas. Conoce más accediendo desde aquí:

Continúa en página siguiente >>

<< Viene de página anterior

https://redirectoronline.com/ctro00020319

- *ChatGPT:* existen diferentes versiones de esta inteligencia artificial. Para conocerla, es recomendable utilizar el modelo *GPT-3.5 Turbo de OpcnAI,* que es gratuito y no necesita registro. Conoce más accediendo desde aquí:

https://redirectoronline.com/ctro00020320

👁 EJEMPLO

Se puede usar una IA no específica de empleo y darle indicaciones para que realice un entrenamiento de entrevista laboral, introduciendo un *prompt* con las siguientes instrucciones:

Eres el reclutador de una empresa española de *marketing* que desarrolla campañas para empresas nacionales. Buscas a un candidato que ocupe el puesto de *manager* de contenido digital en Madrid que desarrolle las siguientes **funciones:**

- Planificación y estrategia de contenidos
- Creación y producción de contenidos
- Gestión de plataformas digitales
- Análisis y *reporting*

Continúa en página siguiente >>

[113]

<< Viene de página anterior

Las habilidades que buscas en el candidato son las siguientes:

- Creatividad
- Pensamiento estratégico
- *Copywriting*
- Conocimientos digitales
- Experiencia de 5 años como mínimo

En tu cuestionario incluye las siguientes **preguntas:**

- ¿En qué proyectos relacionados has estado trabajando recientemente?
- ¿Qué lecciones has aprendido de estos proyectos?
- ¿Por qué quieres trabajar en esta empresa?
- ¿Qué puedes aportar a esta empresa?

Cuando por fin se superan todas las pruebas, llega el momento de la **contratación.** Es importante conocer que se han producido modificaciones en la normativa relacionada con el empleo, con el objetivo de potenciar la contratación indefinida e incidir sobre la precariedad laboral.

En el año 2021, se modificaron los tipos de contrato (Real Decreto-ley 32/2021, de 28 de diciembre, de medidas urgentes para la reforma laboral, la garantía de la estabilidad en el empleo y la transformación del mercado de trabajo), con el objetivo de reforzar la contratación indefinida y extinguir el contrato por obra y servicio.

Los **tipos de contrato** que existen actualmente son los siguientes:

⮑ **Contrato indefinido:**

   ↻ No establece una duración máxima (indefinido).
   ↻ Puede concertarse para la prestación de servicios fijos o fijos discontinuos.

⮑ **Contrato temporal.** Actualmente se prioriza la contratación indefinida, reservando la contratación temporal para ciertas circunstancias:

   ↻ Cubrir ciertas circunstancias del mercado, por ejemplo, la acumulación de tareas o el exceso de pedidos, es decir, se realiza por circunstancias de producción.

ᴑ Sustituir a personas trabajadoras que tienen derecho a la reserva del puesto de trabajo.

ᴑ Cubrir temporalmente un puesto durante el proceso de selección o de promoción.

ᴑ Incentivar el empleo, fomentando el trabajo temporal de ciertos colectivos (personas con discapacidad, mayores de 52 años que reciben subsidio por desempleo y otros).

ᴑ Impulsar la actividad investigadora. Por ejemplo, la contratación para el personal investigador predoctoral en formación.

ᴑ Cubrir circunstancias determinadas que requieren la temporalidad. Es el caso las personas trabajadoras que cumplen condena en instituciones penitenciarias.

ᴐ **Contrato para la formación en alternancia:**

ᴑ La finalidad es potenciar la cualificación profesional de los más jóvenes.

ᴑ Se trata de un régimen de alternancia de actividad laboral retribuida en una empresa con actividad formativa, siempre que se trate de formación perteneciente al ámbito de la formación profesional, los estudios universitarios o del Catálogo de Especialidades Formativas del Sistema Nacional de Empleo, es decir, que se compagina la formación con el empleo.

ᴐ **Contrato formativo para la obtención de la práctica profesional:**

ᴑ El objetivo es conseguir experiencia profesional relacionada con los estudios y la formación, de forma que la persona trabajadora adquiera las habilidades y capacidades de su profesión.

 PARA SABER MÁS

Puedes obtener información detallada sobre los tipos de contratos en el portal web del SEPE, para ello accede desde aquí:

Continúa en página siguiente >>

<< Viene de página anterior

https://redirectoronline.com/ctro00020321

3.6. Creación de marca personal

La marca personal se refiere a la imagen y la reputación de una persona. En la marca personal son determinantes las experiencias laborales, el estilo personal, los logros y los valores.

Una buena marca personal es una estrategia efectiva para impulsar la carrera profesional y conectar con profesionales y empresas de interés.

◉ EJEMPLO

En muchos procesos selectivos, los reclutadores visitan las redes sociales de los candidatos y revisan su reputación digital, pues es tan sencillo como googlear su nombre y apellidos. El candidato que tenga un perfil público, como en *LinkedIn,* en el que muestre sus logros, tomará una ventaja frente al resto de candidatos. Si, además, refleja una buena reputación, con comentarios positivos y recomendaciones, porque ha trabajado en su marca profesional, un blog con contenido especializado en su sector, etc. va a ofrecer al reclutador un elemento de valor y de diferenciación.

En un proceso selectivo no resulta positivo que el reclutador investigue la imagen digital del candidato y se encuentre con fotos de las vacaciones, comentarios chistosos, comentarios negativos como consumidor descontento, etc.

Es muy habitual que los reclutadores revisen las redes sociales y los comentarios en línea de los candidatos, por lo que hay que cuidar la imagen digital.

El proceso de creación de la marca personal es conocido como *personal branding*. La idea es aplicar las estrategias del *marketing* a una persona: en la búsqueda de empleo, el producto es la persona que quiere encontrar trabajo y ofrecer sus servicios. En este proceso resulta fundamental generar una buena reputación digital a través de la interacción con otras personas en redes sociales de empleo, generando buenas opiniones y fomentando las buenas referencias.

Para trabajar el *personal branding* es necesario seguir los siguientes **pasos:**

- **Autoconocimiento.** Es necesario realizar un análisis de las fortalezas profesionales, las habilidades, los valores y los objetivos profesionales. En esta fase hay que identificar los aspectos diferenciales respecto a otras personas, encontrar una voz propia, un mensaje propio.
- **Definir una propuesta de valor.** A partir del autoconocimiento, se requiere definir una propuesta de valor personal, única, genuina y original. Para ello, es necesario definir claramente los objetivos profesionales, a qué público o clientes se pretende atraer, con qué empresas se pretende colaborar, qué se quiere transmitir. Con la marca personal se expone el talento hacia el exterior, pero también supone la oportunidad de atraer talento hacia el proyecto, que se sienta identificado con los valores de la imagen.
- **Crear una marca personal coherente.** La marca personal debe reflejar las competencias, los objetivos y los valores en todos los espacios en los que se publica la imagen personal: el currículum, la imagen digital, el perfil de las redes sociales, la imagen que se transmite en otros canales como los blogs, etc. Así mismo, hay que esforzarse por generar una imagen personal positiva, comprometida con la responsabilidad social. Además, hay que mostrar

las competencias y habilidades de forma pública y creativa, creando grupos y comunidades, blogs, *podcast*.

⊃ **Reputación.** Hay que generar visibilidad, difundir la marca personal, crear un ecosistema digital de interconexiones, generar una buena reputación. La visibilidad es imprescindible para la marca personal, comenzando por ofrecer un currículum actualizado, público, al alcance de reclutadores y *headhunters*.

Para ello, se deben realizar acciones encaminadas a crear buena reputación, como pedir referencias y hacerlas públicas, mostrar los logros, premios y avances profesionales.

Las redes sociales y los medios de comunicación en internet ofrecen la posibilidad de crear contenido propio en el que se reflejen las habilidades profesionales, los valores, la imagen.

Además, es la forma de aportar información y recibir *feedback*, creando, en este proceso, contactos y conexiones.

⊃ **Ecosistema digital.** Una sólida red de contactos resulta fundamental para encontrar oportunidades, recibir propuestas y generar influencia.

Hay que conectarse con profesionales relevantes del sector profesional, participar en comunidades, participar en actividades de *networking*.

Generar influencia profesional consolida la marca personal, generada a través de publicaciones en redes profesionales, comentarios, opiniones, creación de *hashtags*.

Para generar un ecosistema digital, es necesario conectar todas las redes sociales con los contenidos multimedia que desarrollan (*blog, podcast,* publicaciones), procurando que los contenidos lleguen a los contactos y que sean interesantes para que personas desconocidas comiencen a ser seguidores.

Este ecosistema debe mantener la coherencia entre los mensajes que se trasmiten y la reputación digital que se pretende conseguir.

Resulta fundamental mantener una buena imagen pública basada en la profesionalidad y la buena reputación.

Para evaluar si la marca personal está generando interés y dando resultados, se pueden diseñar **indicadores** atendiendo a los objetivos del *personal branding*. Estos indicadores se construyen atendiendo a los objetivos del *personal branding*. Algunos de estos **indicadores** pueden ser los siguientes:

- **Contactos.** ¿Está creciendo la agenda de contactos profesionales? ¿A qué sectores pertenecen? ¿Por qué canales han conectado?
  Indicadores:

  - Número de nuevos contactos
  - Sector profesional de los contactos
  - Canal de conexión del contacto

- **Ofertas de trabajo.** ¿Han aumentado las ofertas desde que se trabaja en la marca personal? ¿Están llegando ofertas interesantes? ¿Está mejorando la empleabilidad? ¿Hay ofertas de empresas de prestigio?
  Indicadores:

  - Número de ofertas de empleo
  - Número de ofertas interesantes
  - Número de ofertas no relacionadas con los objetivos profesionales
  - Número de ofertas de empresas de prestigio

- **Ofertas de proyectos.** ¿Han aumentado las propuestas? ¿Son interesantes? ¿Implican una mejora profesional?
  Indicadores:

  - Número de propuestas de proyectos
  - Número de propuestas interesantes
  - Número de propuestas no relacionadas con los objetivos profesionales
  - Número de propuestas de empresas de prestigio

- **Competencias.** ¿Se han adquirido o mejorado las competencias profesionales y/o digitales? ¿Es necesario mejorar las competencias para las propuestas que están llegando?

  Indicadores:

  - Competencias digitales adquiridas
  - Otras competencias profesionales adquiridas
  - Competencias requeridas por las ofertas de empleo que no se han adquirido

- **Caché.** ¿Ha aumentado el presupuesto de los proyectos o su magnitud? ¿Ha mejorado el salario de las ofertas de empleo?
  Indicadores:

  - Comparación de los nuevos presupuestos con los anteriores
  - Comparación de salarios de las ofertas de empleo

- **Invitaciones a eventos.** ¿Hay invitaciones a eventos en los que no se había participado antes? ¿Qué tipo de eventos? ¿Qué beneficios implican la participación en estos eventos? ¿Quién invita a la participación en los eventos, son nuevos contactos o contactos que se han consolidado?
  Indicadores:

  - Número de invitaciones a eventos
  - Características de los eventos
  - Eventos a los que se ha asistido
  - Eventos a los que no se ha asistido
  - Contactos que realizan las invitaciones

- ***Engagement digital.*** ¿Han aumentado las visitas al contenido publicado, el perfil en las redes sociales, el blog, la página web, etc.? ¿Han aumentado los seguidores, comentarios, las opiniones, las respuestas, etc.?
  Indicadores:

  - Número de visitas
  - Número de seguidores
  - Número de comentarios
  - Alcance de las publicaciones

- **Reputación.** ¿Han aumentado los comentarios positivos, las referencias, las recomendaciones, los *likes,* etc.?
  Indicadores:

  - Número de comentarios positivos y negativos
  - Número de referencias
  - Número de recomendaciones
  - Número de *likes* e interacciones positivas

APLICACIÓN PRÁCTICA

El desarrollo de una marca personal requiere de acciones que influyan positivamente en la reputación. Para evaluar el progreso, se pueden aplicar indicadores.

Es necesario evaluar que las acciones destinadas a crear una marca personal estén funcionando y que se esté generando una buena reputación. Indica qué indicador se debe aplicar para evaluar los distintos aspectos que crean la marca personal.

A	Contactos	1	Número de comentarios positivos
B	Ofertas de trabajo	2	Competencias digitales adquiridas
C	Ofertas de proyectos	3	Número de propuestas de proyectos
D	Competencias	4	Eventos a los que se ha asistido
E	Caché	5	Número de nuevos contactos
F	Invitaciones a eventos	6	Alcance de las publicaciones
G	*Engagement digital*	7	Número de ofertas de empleo de empresas de prestigio
H	Reputación	8	Comparación de salarios de las ofertas de empleo

Solución

A	Contactos	5	Número de nuevos contactos
B	Ofertas de trabajo	7	Número de ofertas de empleo de empresas de prestigio
C	Ofertas de proyectos	3	Número de propuestas de proyectos
D	Competencias	2	Competencias digitales adquiridas
E	Caché	8	Comparación de salarios de las ofertas de empleo
F	Invitaciones a eventos	4	Eventos a los que se ha asistido

Continúa en página siguiente >>

<< Viene de página anterior

G	*Engagement digital*	6	Alcance de las publicaciones
H	Reputación	1	Número de comentarios positivos

La marca personal se refiere a la imagen y la reputación de una persona. En la marca personal son determinantes las experiencias laborales, el estilo personal, los logros, los valores. La buena reputación es fundamental. No se puede crear una marca personal sin conocer el impacto de las acciones, por lo que es necesario realizar una evaluación a través de indicadores.

 TAREA 5

Como parte de tu estrategia de búsqueda de empleo, has creado un perfil en *LinkedIn*. Has pulido tu currículum vítae y te has entrenado para superar futuras entrevistas personales. Pero no estás encontrando ofertas de empleo que se ajusten a tu interés, por lo que te propones dar un paso más, creando tu marca personal. ¿Qué estrategia seguirías?

----

4. Resumen

La búsqueda de empleo es todo un reto, que se puede superar siguiendo una estrategia y usando las herramientas adecuadas.

Por este motivo, en esta unidad se han podido conocer las distintas **estrategias** para encontrar un empleo:

Servicios públicos de empleo	Servicios para la búsqueda de empleo	Búsqueda de ofertas de empleo	Portales de búsqueda de empleo

Continúa en página siguiente >>

<< Viene de página anterior

Para poder llegar a las empresas, es imprescindible elaborar los dos **documentos** que darán a conocer al candidato:

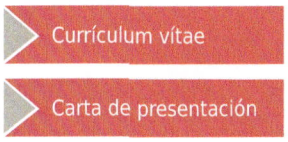

El objetivo de las estrategias es conseguir **entrevistas de trabajo,** como paso previo a la contratación, por lo que se han podido conocer los distintos tipos de entrevistas y las **recomendaciones para superarlas con éxito:**

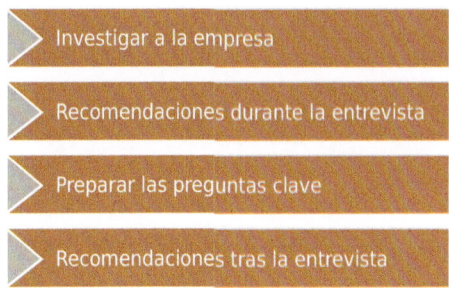

Además, resulta fundamental trabajar la **marca personal** y la buena reputación, por lo que, finalmente, se han dado a conocer los pasos para trabajar el *personal branding:*

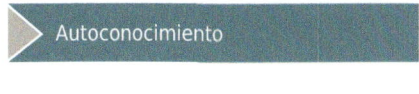

Continúa en página siguiente >>

[123]

<< Viene de página anterior

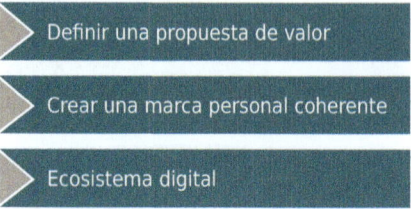

Ejercicios de autoevaluación
Unidad de Aprendizaje 3

1. ¿Qué el *personal branding*?

    a. La carta que se envía junto con el currículum.
    b. El proceso de creación de la marca personal.
    c. Un servicio de *coach* laboral.
    d. La reunión previa a la contratación.

2. ¿Cuál es uno de los aspectos necesarios para tener una marca personal?

    a. Escribir un comentario de descontento con los servicios recibidos en las vacaciones.
    b. Mandar mensajes estandarizados a las ofertas de empleo.
    c. Tener una buena reputación digital.
    d. Tener una agenda con los contactos justos.

3. ¿En qué consiste el *networking*?

    a. Establecer relaciones profesionales y personales para intercambiar ideas, conocimientos y oportunidades de negocio.
    b. Vender un producto.
    c. Inscribirse en una agencia de colocación.
    d. Abrir un perfil en un portal de empleo.

4. Indica si la siguiente oración es verdadera o falsa: "Las formas más habituales de hacer *networking* consisten en la asistencia a seminarios, encuentros, conferencias relacionadas con el sector profesional, participar en comunidades profesionales *online,* establecer alianzas con colegas de profesión y ampliar constantemente la red de contactos".

    ■ Verdadero
    ■ Falso

5. Indica si la siguiente oración es verdadera o falsa: "La autocandidatura consiste en postularse a una oferta de empleo publicada por una empresa".

- ■ Verdadero
- ■ Falso

6. Completa:

Es necesario emplear diferentes modelos de _____ según el sector profesional, el formato de presentación, los requerimientos del _____ y la _____ que se pretende destacar, para conseguir pasar los filtros y conseguir una _____.

7. Completa:

La _____ de trabajo es la oportunidad de demostrar al _____ que se tiene la _____ y las habilidades requeridas para el puesto. Es, además, el momento para que el candidato dé a conocer su _____, su actitud y su alineación con los _____ y la cultura de le empresa.

8. Indica si la siguiente oración es verdadera o falsa: "El currículum vitae por competencias tiene como objetivo poner de manifiesto, de la forma más clara posible, las habilidades y aptitudes del candidato, lo que permite al reclutador localizar lo que sabe hacer y lo que puede aportar a la empresa".

- ■ Verdadero
- ■ Falso

9. ¿Cuál es una de las formas de presentar una autocandidatura a una empresa?

- a. Responder por *e-mail* a una oferta de empleo.
- b. Inscribirse en una oferta de un portal de empleo.
- c. Enviar el currículum por el portal web de la empresa, en la sección Trabaja con nosotros.
- d. Publicar un comentario en las redes sociales de la empresa.

10. ¿Cuál es una de las recomendaciones para superar una entrevista de trabajo con éxito?

    a. Responder a las preguntas del reclutador con monosílabos para no inducir a error.

    b. Mirar el móvil de vez en cuando para ver si hay nuevos mensajes y notificaciones.

    c. No interrumpir al entrevistador y tomarse el tiempo necesario para contestar.

    d. Acudir a la entrevista sin investigar a la empresa para ser espontáneo en las respuestas.

Glosario

Alcance
Número de personas diferentes a las que llegan las publicaciones en redes sociales.

Análisis DAFO
Estudio interno basado en aspectos positivos y el entorno (fortalezas y oportunidades), así como los aspectos negativos del entorno (debilidades y amenazas).

Autocandidatura
Postularse a una empresa, aunque no haya publicado una oferta de empleo ajustada al perfil profesional.

BOE
Boletín oficial del estado.

BOP
Boletín oficial de la provincia.

Competencias
Rasgos de carácter, autopercepción, actitudes o valores, conocimientos, capacidades cognitivas o de conducta que se asocian al desempeño de un puesto de trabajo.

Cursos con compromiso de contratación
Programas de formación en los que los participantes reciben una capacitación y, al finalizar el curso con éxito, tienen la oportunidad de ser contratados por una empresa asociada.

DO
Diario oficial de la comunidad autónoma.

ESCO *(European Skills, Competences, and Occupations)*
Clasificación europea de capacidades, competencias, cualificaciones y ocupaciones.

Etiquetar
Añadir el nombre de un usuario en una publicación en redes sociales para que quede enlazado a la misma.

Ferias de empleo
Eventos en los que las empresas se dan a conocer y reclutan talentos.

FUNDAE
Fundación Estatal para la Formación en el Empleo.

Hard skills
Habilidades específicas que se adquieren a través de la educación, la formación y la experiencia laboral. Se refieren a los conocimientos técnicos y las habilidades prácticas necesarias para el desempeño de una ocupación o una tarea específica.

Hashtag
Etiqueta que se asocia a las publicaciones como instrumento para poder relacionarlas con diferentes palabras clave. Son palabras precedidas por una almohadilla. Ejemplo: #marketing.

INCUAL
Instituto Nacional de las Cualificaciones.

Lanzaderas de empleo
Programas de orientación para la búsqueda de empleo en grupo.

Like
Uno de los tipos de interacciones que se pueden realizar en redes sociales. También se suele llamar "me gusta".

Muro
Es el panel en el que se quedan registradas todas las publicaciones que hace el usuario en una red social.

Networking
Comprende las actividades y técnicas destinadas a establecer relaciones profesionales y personales, hacer contactos para intercambiar ideas, conocimientos y oportunidades de negocio.

Observatorio de las Ocupaciones del SEPE
Área técnica encargada de analizar la situación, las tendencias y las necesidades formativas del mercado laboral. Actualiza permanentemente los indicadores sociolaborales y publica informes para ofrecer información a entidades, agentes sociales, instituciones y ciudadanía.

Perfil profesional
Recoge las características, competencias y habilidades requeridas en un trabajo, profesión u ocupación, así como las funciones que desarrollar.

Personal branding
Proceso de creación de la marca personal.

Soft skills
Competencias que combinan la inteligencia emocional, las habilidades sociales y de comunicación, los rasgos de la personalidad, las actitudes y los atributos profesionales, que facultan a los trabajadores para desenvolverse en su entorno profesional, trabajar colaborativamente y realizar un buen desempeño.

Bibliografía

Textos electrónicos, bases de datos y programas informáticos

→ Autoridad Laboral Europea, Dirección General de Empleo, Asuntos Sociales e Inclusión. Evolución de las tendencias en el mercado laboral: cómo la transición hacia una economía verde y digital repercutirá sobre el empleo en Europa, de: <https://eures.europa.eu/changing-job-trends-how-transition-towards-green-digital-economy-will-impact-european-employment-2024-03-15_es>.

> Artículo publicado en *European Employment Services* (EURES) en el que se pueden conocer el impacto que suponen los cambios sociales en el empleo desde la perspectiva de la reducción de emisiones, la digitalización en el empleo y la futura revolución en las cualificaciones profesionales.

→ Fundación Adecco Blog. Fases en una entrevista de trabajo: cuáles son y consejos, de: <https://fundacionadecco.org/blog/fases-entrevista-trabajo/>.

> Fundación Adecco es una prestigiosa entidad en la búsqueda de empleo y la inserción laboral. En su blog ofrece recomendaciones y consejos que seguir en todas las fases de la relación laboral, desde la búsqueda de empleo a la promoción profesional, pasando por la creación del currículum y la entrevista de trabajo.

→ La formación en los nuevos yacimientos de empleo (empleos digitales, verdes) con especial atención a la perspectiva de género, de: <https://doi.org/10.1387/lan-harremanak.24805>.

> Publicación de Lan Harremanak, Revista de Relaciones Laborales, en la que se abordan las necesidades formativas y en competencias profesionales para cubrir las necesidades en el ámbito productivo y el papel de los agentes sociales para incidir en las brechas tecnológicas y de género.

→ Observatorio de las Ocupaciones. Revista de Cuadernos del Mercado de trabajo, de: <https://sepe.es/HomeSepe/que-es-el-sepe/que-es-observatorio/Revista-cuadernos-del-mercado-de-trabajo.html>.

El Observatorio de las Ocupaciones publica semestralmente, a través del SEPE, una revista digital en la que se tratan los comportamientos del mercado de trabajo, su evolución y las tendencias desde diversos enfoques y ámbitos territoriales.

→ Organización Internacional del Trabajo (OIT). El futuro del empleo, de: <https://webapps.ilo.org/100/es/story/future/>.

La OIT ofrece un conjunto de infografías en el que explica visualmente la evolución del mercado de trabajo del futuro, teniendo en cuenta las nuevas necesidades sociales, ecológicas, tecnológicas y comprometidas con la igualdad de oportunidades.

→ SEPE: Boletín Trimestral del Mercado de Trabajo, de: <https://www.sepe.es/HomeSepe/que-es-el-sepe/comunicacion-institucional/publicaciones/publicaciones-oficiales/listado-pub-mercado-trabajo/boletin-trim-mercadotrabajo.html>.

El Servicio Público de Empleo Estatal publica, trimestralmente, un boletín en el que analiza los principales indicadores del mercado laboral, tales como la afiliación a la Seguridad Social, la contratación, el paro y los datos recientes de la Encuesta de Población Activa.

→ *World Economic Forum.* 6 tendencias laborales para observar en 2024, de: <https://es.weforum.org/agenda/2024/02/6-tendencias-laborales-para-seguir-en-2024/>.

Artículo que forma parte de la Reunión Anual del Foro Económico Mundial. Explica las tendencias actuales y las proyecciones del empleo no solo para el año 2024, sino para el horizonte 2023, teniendo en cuenta los riesgos laborales, el impacto de la IA generativa y los empleos digitales.